西南民族大学经济学院实验教材

Financial Experiment
— Based on EXCEL

财务金融实验
——基于EXCEL工具

杜红艳　周　克◎主编

中国经济出版社
CHINA ECONOMIC PUBLISHING HOUSE
北　京

图书在版编目（CIP）数据

财务金融实验——基于 EXCEL 工具 / 杜红艳，周克主编.
—北京：中国经济出版社，2018. 5
ISBN 978-7-5136-4294-1

Ⅰ. ①财… Ⅱ. ①杜…②周… Ⅲ. ①表处理软件—应用—财务管理 Ⅳ. ①F275-39

中国版本图书馆 CIP 数据核字（2016）第 163511 号

责任编辑　李煜萍　李若雯
责任印制　巢新强

出版发行　中国经济出版社
印 刷 者　北京柏力行彩印有限公司
经 销 者　各地新华书店
开　　本　710mm×1000mm
印　　张　13. 25
字　　数　210 千字
版　　次　2018 年 5 月第 1 版
印　　次　2018 年 5 月第 1 次
定　　价　32. 00 元
广告经营许可证　京西工商广字第 8179 号

中国经济出版社 **网址** www. economyph. com **社址** 北京市西城区百万庄北街 3 号 **邮编** 100037
本版图书如存在印装质量问题，请与本社发行中心联系调换（联系电话：010-68330607）

应用经济学实践实训系列教材编委会

从书总序

为了有效地培养高校经济学类专业学生“学以致用”的应用实践操作能力，让实践实训教学更好地适应创新创业的时代发展趋势，我们组织长期在实践实训教学一线中富有经验的教师们编写了这套实践实训教材，涵盖金融学、金融工程、投资学、保险学、经济学、财政学、国际经济与贸易等本科专业的相关专业基础课及专业课。

本套教材体现了仿真性、操作性、实用性及创新性等方面的特色，弥补了以往传统实训教学环节中缺乏配套教材的不足，有利于帮助教师在实践实训教学环节中将经济学理论与实践结合起来，充分合理地利用实践实训平台，为学生提供仿真实训的工作场景及环境，教师以实践实训教材为依托指导学生进行模拟操作，完成经济类课程的实践实训环节。教材既可供经济管理相关专业课程的实践实训教学使用，也可作为经济管理在职人员业务能力提升的学习参考书。

本套实践实训教材的编写得到西南民族大学教务处和研究生院的大力支持，教材的出版得到四川省高等教育人才培养质量和教学改革项目“民族高校应用经济类专业拔尖人才培养的研究与实践”和西南民族大学学科建设基金的资助，在数据资料收集整理上得到了相关企业和兄弟院校同仁们的指导及帮助，你们的支持及鼓励是我们不断进取的动力，在此一并感谢！

编委会

2016 年 12 月

前言

在过去几年里，本书作者一直从事于“金融学”和“投资学”等本科专业的教学工作，在“公司金融”、“投资学”和“财务金融建模”等课程教学过程中，发现需要将传授理论知识与培养学生实践能力更紧密地结合，以适应市场对金融、投资等专业人才的需求调整和升级。因此，作者在借鉴国内外院校相关专业实践教材的基础上，在课堂上不断探索理论与实践相结合的教学内容。通过几年摸索，逐步积累了实践经验。

本书从“公司金融”和“投资学”中选取了部分重要理论知识点，如“公司金融”中的基础财务计算、现金流量表制作、财务报表分析和预计财务报表制作等内容，“投资学”中的资产组合基本计算、有效边界的求解、资本成本计算、资本资产定价模型检验和在险价值分析等内容，用案例、数据和图表等形式来展现相关理论的计算过程或应用场景，以提升学生对理论知识的理解和应用能力，提高财务和金融工作者在从事公司理财和金融活动中的数据处理能力和效率。此外，本书关于 Excel 基本建模技术的介绍，能有效提高读者灵活运用 Excel 工具建立简洁、高效的计算模型和解决金融活动中具体问题的能力，如制作功能完备的贷款计算器等。

感谢西南民族大学经济学院各位领导在本书编著过程中给予的帮助和支持。欢迎读者在使用本书的过程中反馈宝贵意见，我们后续将结合读者意见进行修订，并在内容上向期权、期货等衍生品扩展，以提高内容的完备性，满足更多读者的实际需求。

编者

2017 年 11 月

前言

目录

0

Excel基础技术篇

0.1 财务金融实验的 Excel 准备

本书以 Excel2007 为操作对象，图 0-1 为 Excel 的基本功能区（或称为默认功能区），包括“开始”、“插入”、“页面布局”、“公式”、“数据”、“审阅”、“视图”和“加载项”等部分。其中，与财务金融实验紧密相关的主要是“开始”、“插入”、“公式”和“数据”。菜单中“开始”主要针对的是模型格式调整和一些快速操作，包括字体格式、单元格对齐方式、数字格式等；“插入”主要涉及图表的使用；“公式”包含相关的函数、变量名称管理和公式审核；“数据”主要使用的是数据工具和分析两部分内容。

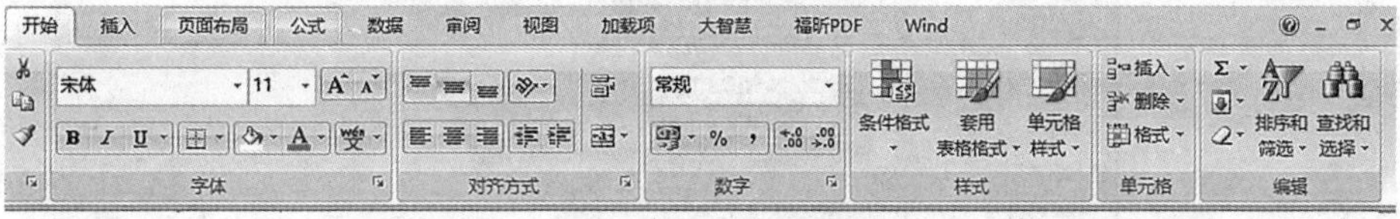

图 0-1

0.1.1 在菜单里显示“开发工具”

除了上述四个部分与财务金融实验紧密相关外，“开发工具”也是我们经常使用的菜单之一，主要用于控件、宏的使用和 VBA 程序的编辑。点击 Excel 页面左上角的“Office”按钮，然后点击“Excel 选项”（见图 0-2）。

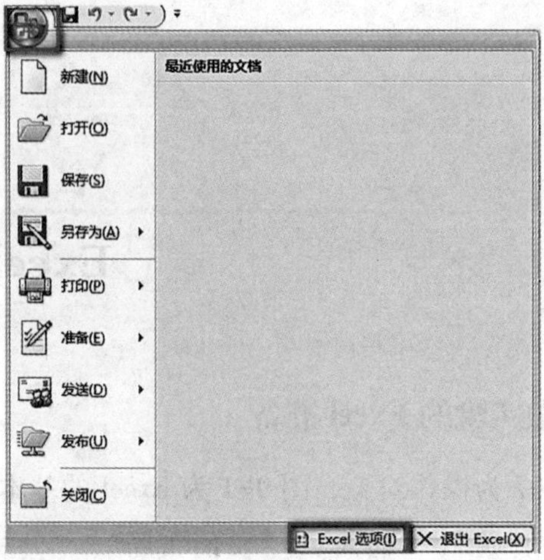

图 0–2

在“常用”按钮界面选择“在功能区显示‘开发工具’选项卡”，如图 0–3 所示：

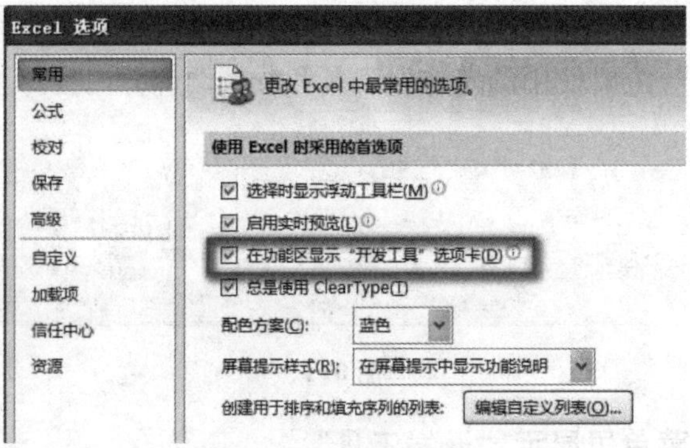

图 0–3

此时可在功能区看到“开发工具”菜单（见图 0–4）。

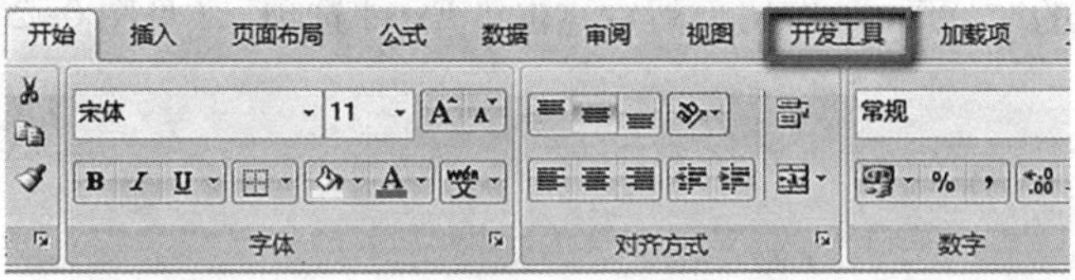

图 0–4

0.1.2 选择“自动重算”和“启动迭代计算”

点击“公式”，再选择“自动重算”以及“启动迭代计算”，前者是为了方便公式复制和填充时，Excel 单元格自动计算单元格内公式，后者是为了解方程组时避免出现循环引用的情况（见图 0-5）。

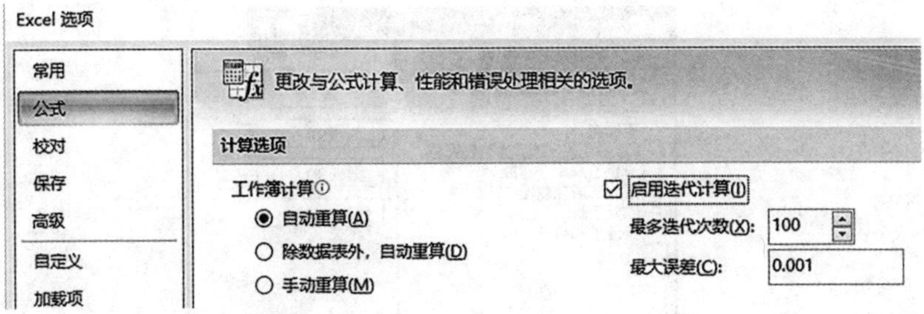

图 0-5

0.1.3 加载“分析工具库”和“规划求解”项

“分析工具库”里包含基本的统计方法、参数估计和假设检验，“规划求解”可以帮助解决线性规划问题。点击“Office”按钮，依次选择“加载项”、“转到”（见图 0-6）。

图 0-6

选择“分析工具库”和“规划求解加载项”，然后点击“确定”（见图 0-7）。

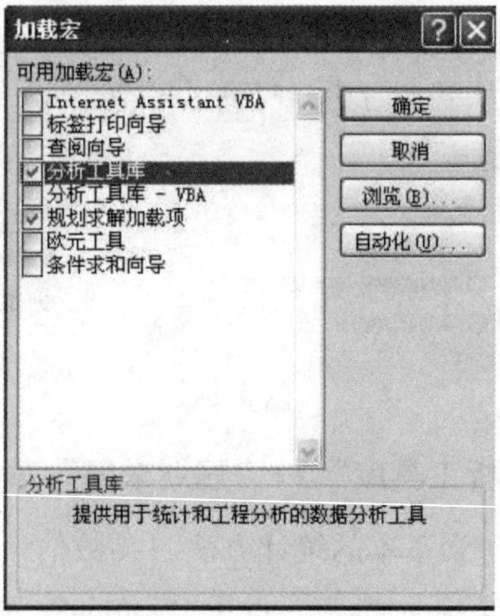

图 0-7

此时，可在功能区的“数据”菜单下，看到“分析”区域，里面包含“数据分析”和“规划求解”两个部分（见图 0-8）。

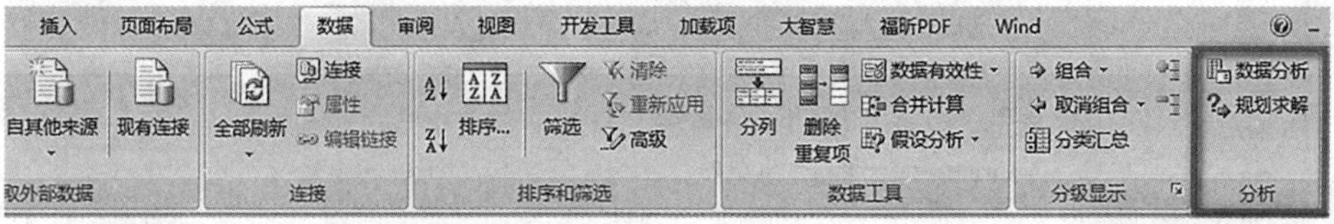

图 0-8

点击其中的“数据分析”将会看到图 0-9，里面包含了基本的描述统计方法、参数估计方法和假设检验方法。

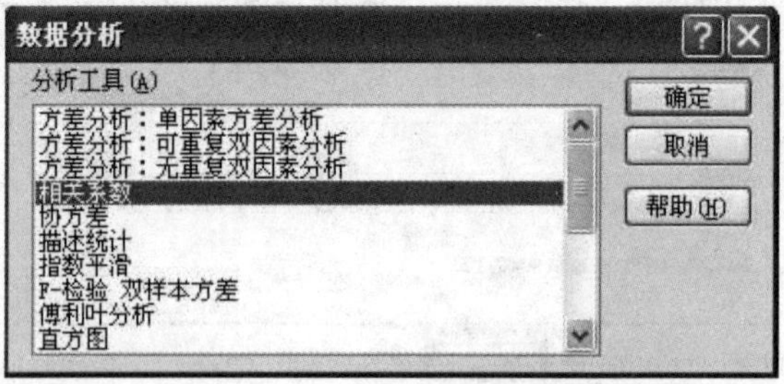

图 0-9

点击“规划求解”将会看到图 0-10，使用方法将在后文介绍。

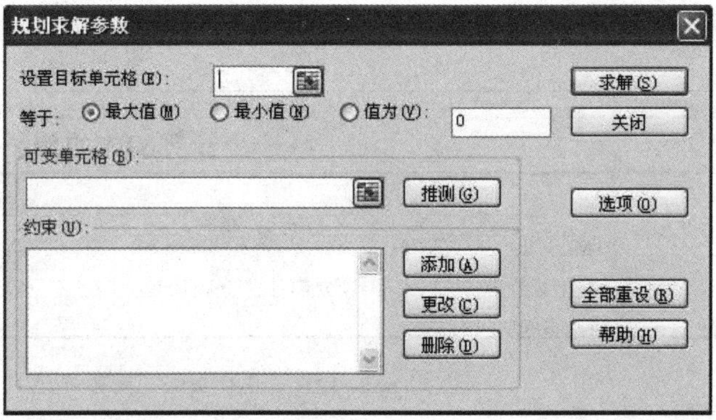

图 0-10

0.2 基本建模技术

0.2.1 模型分区

一个完整的财务金融模型至少应该包含以下区域：输入、计算、输出、敏感性分析和备注。而一个好的模型则要满足五个区域相互间既有联系，也要独立，比如所有的参数输入都应该在“输入区”完成，所有的结果都可以在“输出区”获取。下面以一个简单的 NPV 计算例子来说明如何实现模型分区。

有一个初始成本为 1000 美元的项目，将会产生五年的现金流，第一年现金流为 300 美元，之后每一年按照 5%的比例增长，贴现率为 10%。判断该项目是否投资？

计算公式如下：

$$NPV = -C_0 + \frac{C_1}{(1+r)^1} + \frac{C_1(1+g)}{(1+r)^1} + \frac{C_1(1+g)^2}{(1+r)^2} + \frac{C_1(1+g)^3}{(1+r)^3} + \frac{C_1(1+g)^4}{(1+r)^4}$$

将以上公式表述到 Excel 中，模型如图 0-11：

	A	B	C	D	E	F	G
1	一个计算NPV的例子						
2	时期	0	1	2	3	4	5
3	原始现金流	-1000	300	315	331	347	365
4	贴现现金流	-1000	273	260	248	237	226
5	NPV	245					

图 0-11

依次点击“公式”、“公式审核”和“显示公式”，可以看到上述模型中各数据的计算过程，再点击“显示公式”，则回到数据显示界面。

	A	B	C	D	E
1				一个计算NPV的例子	
2	时期	0	1	2	3
3	原始现金流	-1000	300	=C3*(1+5%)	=D3*(1+5%)
4	贴现现金流	=B3/(1+10%)^B2	=C3/(1+10%)^C2	=D3/(1+10%)^D2	=E3/(1+10%)^E2
5	NPV	=SUM(B4:G4)			

图 0-12

从图 0-12 中可以看出，该模型并非一个好的模型，因为没有实现功能分区。功能分区的主要标志是计算区域内没有数据，都是引用的输入区域内的相关数据所在单元格。而在上述模型中，计算公式中直接输入了增长率 5%和贴现率 10%。这对于模型的应用和扩展非常不利，比如，若想将贴现率从 10%调整为 9%来观察 NPV 的变化，要手动修改上述模型中 B4 至 G4 单元格中的公式。在模型更为复杂时，不分区带来的劣势越明显。因此，我们应将模型实现分区化，针对以上模型，调整结果如图 0-13。

	A	B	C	D	E	F	G
1				一个计算NPV的例子			
2							
3	**输入区域**						
4	初始投资	**1000**					
5	第一年现金流	**300**					
6	现金流增长率	**5%**					
7	贴现率	**10%**					
8	投资开始时期	**0**					
9							
10	**计算区域**						
11	时期	0	1	2	3	4	5
12	原始现金流	-1000	300	315	331	347	365
13	贴现现金流	-1000	273	260	248	237	226
14	NPV	245					
15							
16	**输出区域**						
17	NPV	**245**					
18							
19	**敏感性分析区域**						
20							
21							
22							
23	**备注**						
24							
25							

图 0-13

在“显示公式”下观察该模型，可以发现在“计算区域”，已经完全实现了对输入区域相关单元格的引用（见图 0-14）。

	A	B	C	D	E	F	G
1	一个计算NPV的例子						
2							
3	**输入区域**						
4	初始投资	1000					
5	第一年现金流	400					
6	现金流增长率	0.05					
7	贴现率	0.1					
8	投资开始时期	0					
9							
10	**计算区域**						
11	时期	=B8	=B11+1	=C11+1	=D11+1	=E11+1	=F11+1
12	原始现金流	=-B4	=B5	=C12*(1+$B$6)	=D12*(1+$B$6)	=E12*(1+$B$6)	=F12*(1+$B$6)
13	贴现现金流	=B12/(1+$B$7)^B11	=C12/(1+$B$7)^C11	=D12/(1+$B$7)^D11	=E12/(1+$B$7)^E11	=F12/(1+$B$7)^F11	=G12/(1+$B$7)^G11
14	NPV	=SUM(B13:G13)					
15							
16	**输出区域**						
17	NPV	=B14					

图 0-14

快速填充和复制

为了快速输入单元格 C13：G13 中的公式，我们可以通过拖曳公式的“填充”处理向下一列复制公式。具体方式是：选择单元格 B13，将鼠标放在单元格右下角，出现“+”时，向右拖动鼠标，一直拖到单元格 G13 时停止（见图 0-15）。

	A	B	C
10	**计算区域**		
11	时期	=B8	=B11+1
12	原始现金流	=-B4	=B5
13	贴现现金流	=B12/(1+$B$7)^B11	
14	NPV	=SUM(B13:G13)	

图 0-15

复制完毕后，结果如图 0-16。可以发现，我们将单元格 B13 中的公式复制到了单元格 C13：G13 中。

	A	B	C	D	E	F	G
10	**计算区域**						
11	时期	=B8	=B11+1	=C11+1	=D11+1	=E11+1	=F11+1
12	原始现金流	=-B4	=B5	=C12*(1+$B$6)	=D12*(1+$B$6)	=E12*(1+$B$6)	=F12*(1+$B$6)
13	贴现现金流	=B12/(1+$B$7)^B11	=C12/(1+$B$7)^C11	=D12/(1+$B$7)^D11	=E12/(1+$B$7)^E11	=F12/(1+$B$7)^F11	=G12/(1+$B$7)^G11
14	NPV	=SUM(B13:G13)					

图 0-16

相对引用和绝对引用

在进行公式复制时，我们发现单元格 B13 的公式为“=B12/（1+$B$7）^B11”，这里面有的单元格没有加“$”符号，比如 B12，B11，而有的单元格加了“$”符号，比如$B$7。对于没有加“$”符号的单元格，我们称之为相对引用，即 B13 作为公式所在单元格，引用了 B12，它将 B12 定义为“公式所在单元格的上一列单元格”。这种定义方式将使得我们在拖曳复制公式时，当公式所在单元格发生变化时，被引用单元格也会发生变化。如我们将 B13 中的公式复制到 C13 中，公式变成了“=C12/（1+$B$7）^C11”。而对于加了“$”符号的单元格，我们称之为绝对引用。如 B13 引用了$B$7，代表它引用的始终是“B”列“7”行的数据，而不是 B13 上 6 行的数据。此时，无论如何拖曳复制公式，对$B$7 的引用都不变。从 C13 中的公式可以看出这一点。注意：在拖曳公式之前，一定要先确定哪些变量是需要绝对引用，哪些变量是相对引用的。

另外，“$”符号可只加在行前或列前，如果只把“$”符号加在列前，代表的是我们始终引用的是同一列的数据，但随着公式的拖动，行数还是会发生变化。而如果将“$”符号加在行前，则行不变而列变化。

在上述模型中，我们将每个区域用黑色框线划分了边界，方便模型使用者阅读和使用模型。此外，为了增加模型的可读性，我们还可以通过给不同的区域赋予不同的底色以作区分，同时给需要强调的变量进行字体格式调整，比如进行加粗、斜体以及字体颜色调整等（见图 0-17）。

	A	B	C	D	E	F	G
1	一个计算NPV的例子						
2							
3	**输入区域**						
4	初始投资	1000					
5	第一年现金流	300					
6	现金流增长率	5%					
7	贴现率	10%					
8	投资开始时期	0					
9							
10	**计算区域**						
11	时期	0	1	2	3	4	5
12	原始现金流	-1000	300	315	331	347	365
13	贴现现金流	-1000	273	260	248	237	226
14	NPV	245					
15							
16	**输出区域**						
17	NPV	245					
18							
19	**敏感性分析区域**						
20							
21							
22							
23	**备注**						
24							
25							

图 0-17

0.2.2 数据的有效性

数据的有效性可以帮助我们设定单元格可输入数据的界限，防止模型使用者输入错误的数据，从而影响答案的准确性。比如，在上述模型中，初始投资不可能为一个负数或0，第一年的现金流是一个正数，贴现率往往是一个0~1 之间的小数等。如果模型使用者错误地将 1000 的初始投资输入成“-1000”，而自己并未发觉，那将从模型中得到完全不同的答案。因此，为了避免一些不必要的错误，我们需要对单元格输入值的区间进行设定。比如，对以下三个值进行限定。

初始投资　　　　　　　大于 0 的正数

第一年的现金流　　　　大于 0 的正数

贴现率　　　　　　　　0~1 之间的小数

以“初始投资”为例，先点击“初始投资”的值所在单元格，即“B4”（注意 A4 是放的“初始投资”的名称，B4 才是其值），表示下面的操作是设定 B4 单元格的数据。然后，点击“数据”、“数据有效性”，将弹出以下对话框（见图 0-18）。系统默认“任何值”是指对所选单元格的输入未做任何限制。

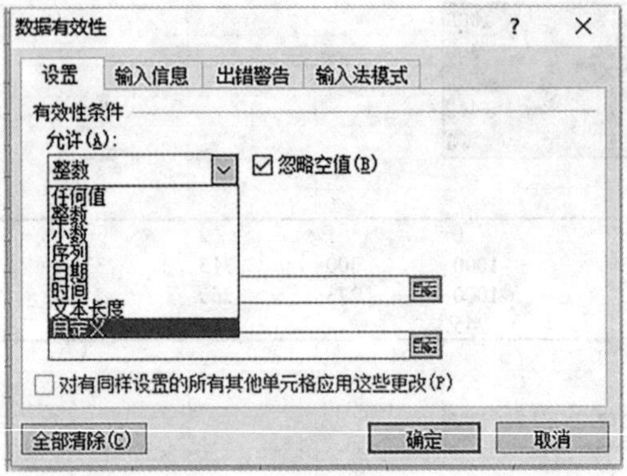

图 0-18

如果要添加限制，先选择单元格输入的数据类型，如果只能输入整数，则选择“整数”，否则可选择“小数”。如果为日期数据，则选择“日期”。在本例中，我们不要求所有数据为整数，因此选择“小数”，出现以下对话框（如图 0-19 所示）：

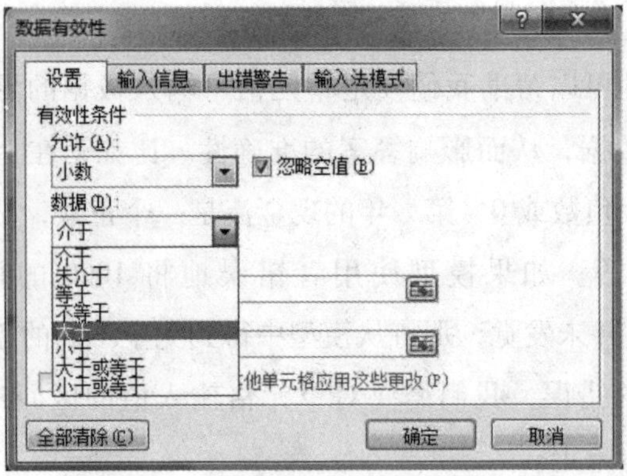

图 0-19

“数据（D）”的下拉选项框中描述了多种限制形式，在本例中要求 B4 中输入的值为一个正数，因此我们选择“大于”。此时，对话框如图 0-20：

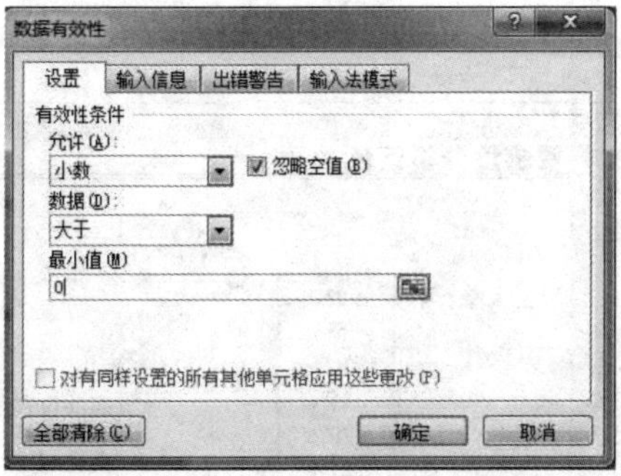

图 0-20

此时，在“最小值（M）”下，输入“0”，则完成了对数据有效性的设置。同理，我们可以设置对“第一年现金流”和“贴现率”的限制。在设置完毕后，如果我们在“初始投资”中输入一个负数，将会弹出以下对话框提醒（如图 0-21 所示）：

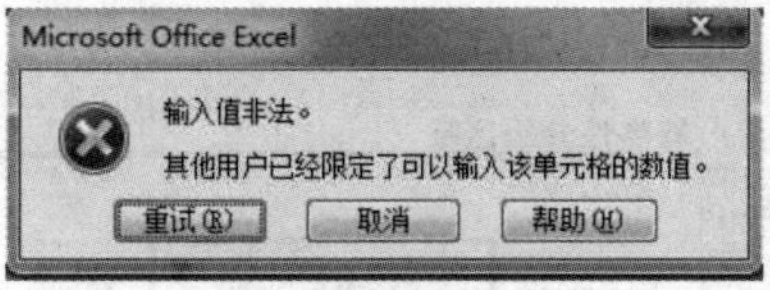

图 0-21

0.2.3 模拟运算表

模拟运算表，又被称为数据表，主要用于敏感性分析，即观察当已知变量发生变化时，结果变量如何变化。它最多可以计算两个已知变量同时发生变化对结果变量的影响。

0.2.3.1 一维模拟运算表

继续“一个计算 NPV 的例子”，我们可以通过模拟运算表来观察输入区域中任何一个变量（即已知变量）变化对 NPV（即结果变量）的影响。

假如我们想知道现金流增长率变化对 NPV 的影响，第一步是建立模拟运算表结构。如图 0-22 所示，NPV 即我们想观察的结果变量，其名称放入单元格 C21 中，其值放入 C22 中。C22 所处的位置被称为一维模拟运算表的“表头”。“表头”要直接引用结果变量在“基本模型”（即我们已建立的模型。因为模拟运算表是一种假设分析，需要先描述一种基本情况，然后再假设基本情况发生变化，来观察结果的变化。）中的位置。在本例中，结果变量 NPV

在原模型中的位置为“B17”。因此，单元格 C22 中需输入“=B17”。

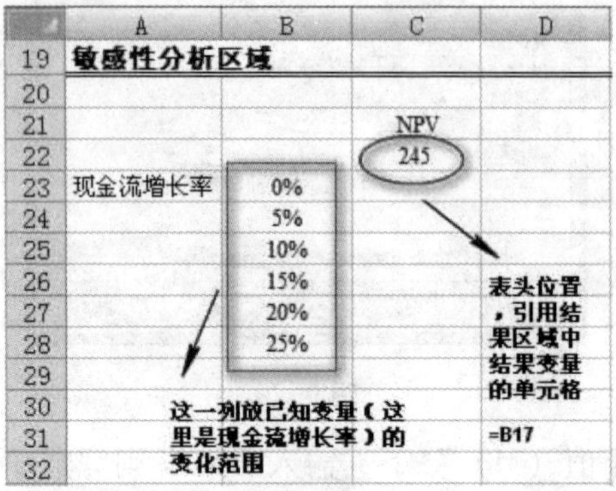

图 0-22

设置好表头及已知变量的变化范围后，选中整个黑框内的区域。如图 0-23 所示，黑框需刚好包含表头和现金流增长率的变化范围。

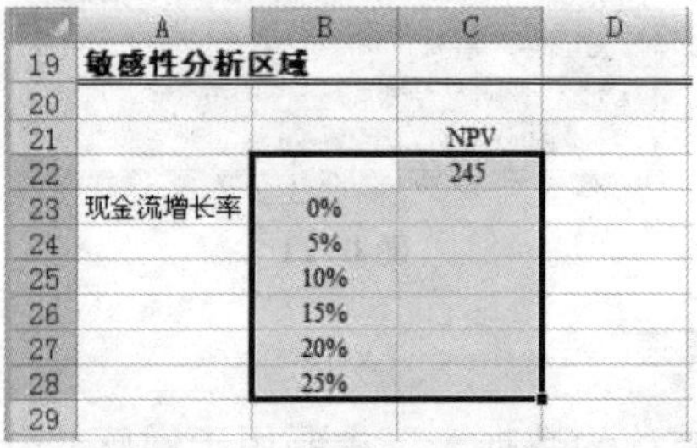

图 0-23

然后点击“数据”、“假设分析”、“数据表”（见图 0-24）。

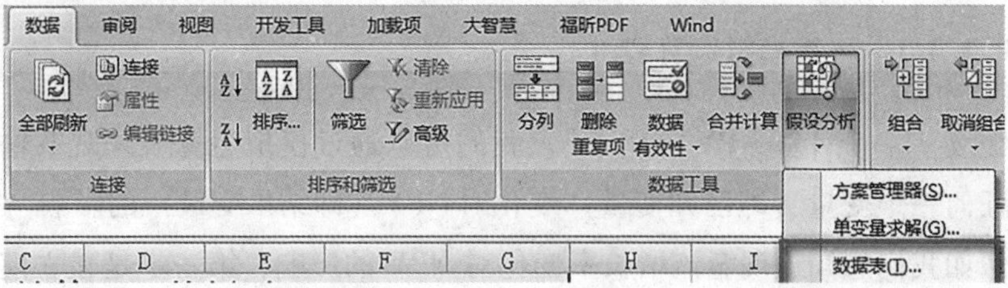

图 0-24

将出现以下对话框，提示“输入引用行的单元格”和“引用列的单元格”（见图 0-25）。当我们只讨论一个已知变量变化对结果变量的影响时，这两个空格只需要输入一个。而在哪一个空格输入取决于我们将已知变量的变化范围排成一列还是一行。在本例中，我们将现金流增长率的变化范围排成了一列，因此只需在“输入引用列的单元格”中输入“=B6”。输入“B6”的原因是，在“基本模型”的输入区域中，现金流增长率的数据就放在单元格 B6 中。

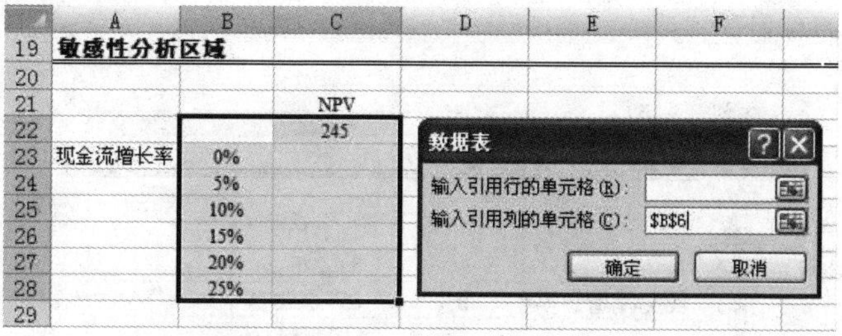

图 0-25

点击“确定”，结果如图 0-26：

	A	B	C	D
19	敏感性分析区域			
20				
21			NPV	
22			245	
23	现金流增长率	0%	137.2360308	
24		5%	245.1773817	
25		10%	363.6363636	
26		15%	493.367396	
27		20%	635.1528398	
28		25%	789.8029972	
29				

图 0-26

在此过程中，需注意以下问题：

（1）表头的位置一定要引用结果变量所在单元格。如果引用错了，比如输入了“=B13”，即初始投资，结果将如图 0-27 所示。第二列毫无变化，因为无论现金流增长率如何变化，B13（即初始投资）都不会受到任何影响。

	A	B	C	D
19	敏感性分析区域			
20				
21			NPV	
22			-1000	
23	现金流增长率	0%	-1000	
24		5%	-1000	
25		10%	-1000	
26		15%	-1000	
27		20%	-1000	
28		25%	-1000	
29				

图 0-27

（2）在“输入引用行的单元格”或“引用列的单元格”时，一定要引用所要观察的已知变量所在的单元格。比如，如果我们在上述引用列的单元格中输入了“=B7”，结果如图 0-28 所示。此时，实际上我们考察的是“贴现率”变化对“NPV”的影响，因为“基本模型”中单元格“B7”展示的是贴现率的数据。

	A	B	C	D
19	敏感性分析区域			
20				
21			NPV	
22			245	
23	现金流增长率	0%	657.689375	
24		5%	428.5714286	
25		10%	245.1773817	
26		15%	96.3874983	
27		20%	-25.8178711	
28		25%	-127.317914	
29				

图 0-28

（3）模拟运算表是数组函数运算，我们无法单独删除和更改表中的一个数据，比如，当我们双击“C25”时，无法进行任何编辑，此时需要点击“Esc”退出。如果要清除表格内容，需要全选“C23 至 C28”，才能进行操作。

（4）在模拟运算表中，表头中显示的“245”前面没有对应任何的现金流增长率数据，在一定程度上影响了模型的美观。我们可以将其隐藏起来，提高表格的美观程度。方法有两个：

一是直接将 C22 单元格的字体颜色修改成跟底色一致，比如本例将其修改为白色；

二是修改单元格格式。即选中 C22 单元格，点击右键，选择“设置单元格格式”，弹出以下对话框。点击“自定义”，在“类型（T）”下输入分号“;”，然后点击“确定”（见图 0-29）。

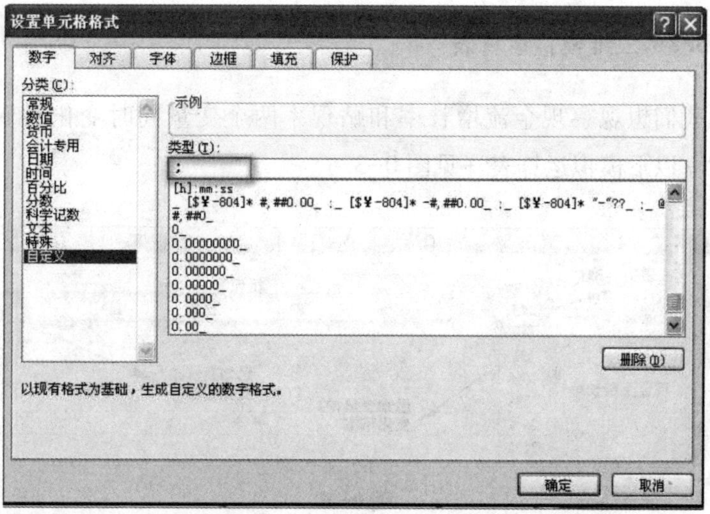

图 0-29

此时，C22 单元格中的数据将被隐藏起来，如图 0-30 所示：

	A	B	C	D
19	**敏感性分析区域**			
20				
21			NPV	
22				
23	现金流增长率	0%	137.2360308	
24		5%	245.1773817	
25		10%	363.6363636	
26		15%	493.367396	
27		20%	635.1528398	
28		25%	789.8029972	
29				

图 0-30

我们将上述模拟运算表横向排列，结果如图 0-31。其中，在点击“数据表”后弹出的对话框中，我们需在“输入引用行的单元格”中输入“=B6”。

	A	B	C	D	E	F	G	H
32								
33					现金流增长率			
34			0%	5%	10%	15%	20%	25%
35	NPV	245	137.2360308	245.1773817	363.6363636	493.367396	635.1528398	789.8029972
36								
37			表头，引用结果					
38			变量所在单元格		已知变量的变化范围			

图 0-31

0.2.3.2 二维模拟运算表

假如我们想观察现金流增长率和贴现率两个变量同时变化对 NPV 的影响，需建立以下模拟运算表（见图 0-32）。

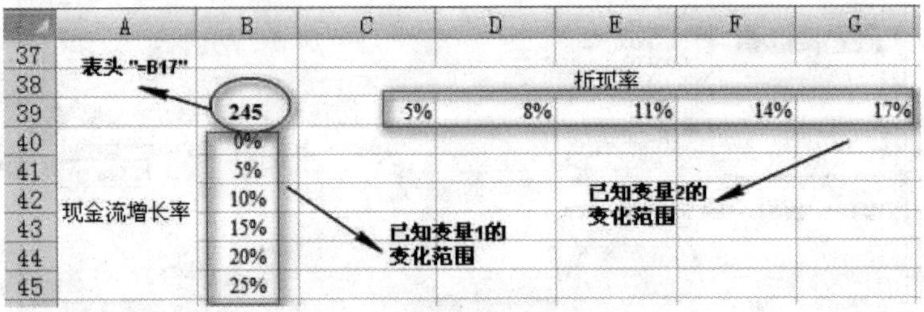

图 0-32

选择整个黑色区域（如图 0-33 所示），点击“数据”、“假设分析”、“数据表”。

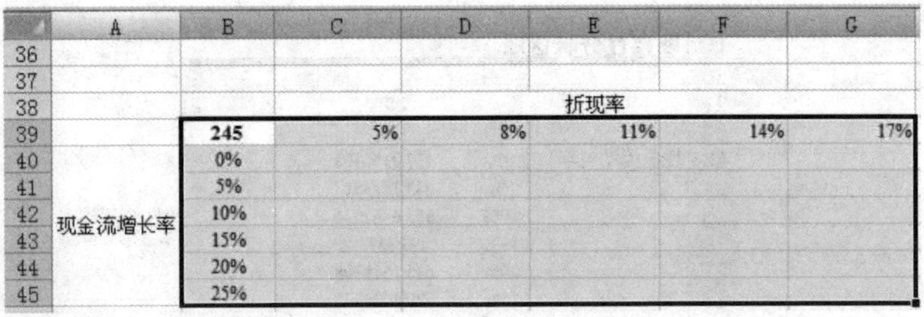

图 0-33

在弹出的对话框中，进行以下输入。因为贴现率的取值被放在行、现金流增长率的取值被放在列，因此，在“输入引用行的单元格”和“输入引用列的单元格”中分别输入“B7”（贴现率数据在输入区域中所处位置）和“B6”（现金流增长率数据在输入区域中所处位置），如图 0-34 所示：

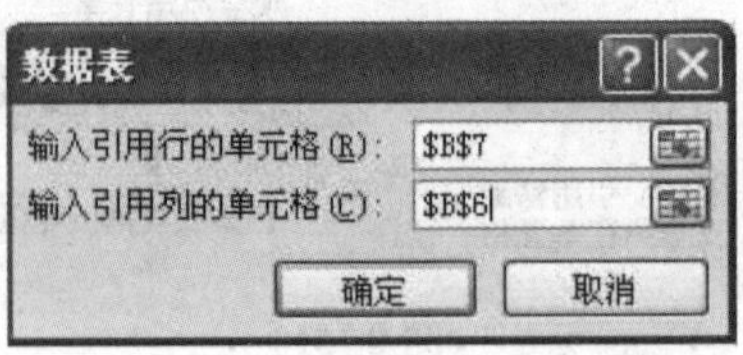

图 0-34

结果如图 0-35 所示：

	A	B	C	D	E	F	G
36							
37							
38					折现率		
39		245	5%	8%	11%	14%	17%
40	现金流增长率	0%	298.84	197.81	108.77	29.92	-40.20
41		5%	428.57	313.84	212.95	123.80	44.68
42		10%	571.26	441.29	327.22	226.64	137.55
43		15%	727.85	580.98	452.32	339.08	238.96
44		20%	899.33	733.77	588.99	461.78	349.51
45		25%	1086.70	900.54	738.01	595.42	469.78

图 0-35

0.2.4 方案管理器

模拟运算表可以研究当条件变量发生变化时，结果变量如何变化。但它一次最多只能研究两个条件变化对结果的影响。如果多个已知条件同时发生变化，此时需要用方案管理器来进行研究，这也是公司理财里所讲的情景分析。而模拟运算表则主要用于进行敏感性分析。

继续“一个计算 NPV”的例子，因为方案管理器也是假设分析的一种，依然需要依托于一个已经建立好的基本模型。假设未来的经济有三种不同的情形：很好、一般和很坏，在三种不同的情形下，初始投资、第一年的现金流、现金流增长率、贴现率都有不同的取值（见表 0-1）。

表 0-1

变量 \ 未来经济状况	很好	一般	很坏
初始投资	600	1000	1200
第一年现金流	400	300	200
现金流增长率	6%	5%	1%
贴现率	7%	10%	12%

下面，我们用方案管理器来对比三种不同的情形下，NPV 的变化情况。点击“数据”、“假设分析”、“方案管理器”，弹出以下对话框（见图 0-36）：

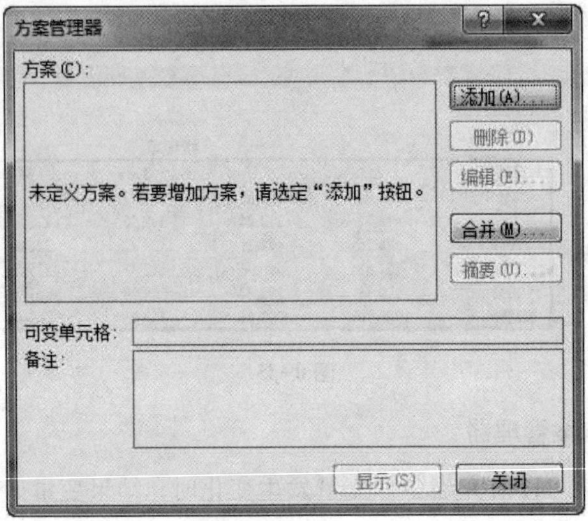

图 0-36

点击“添加”。在下面的对话框中（如图 0-37），首先输入“方案名”，因为首先添加第一种情形，即经济情况“很好”，所以在“方案名”处输入“很好”。“可变单元格”处主要输入在不同情形下会发生变化的条件变量，此处初始投资、第一年的现金流、现金流增长率、贴现率都有变化，因此输入 B4：B7。点击“确定”。

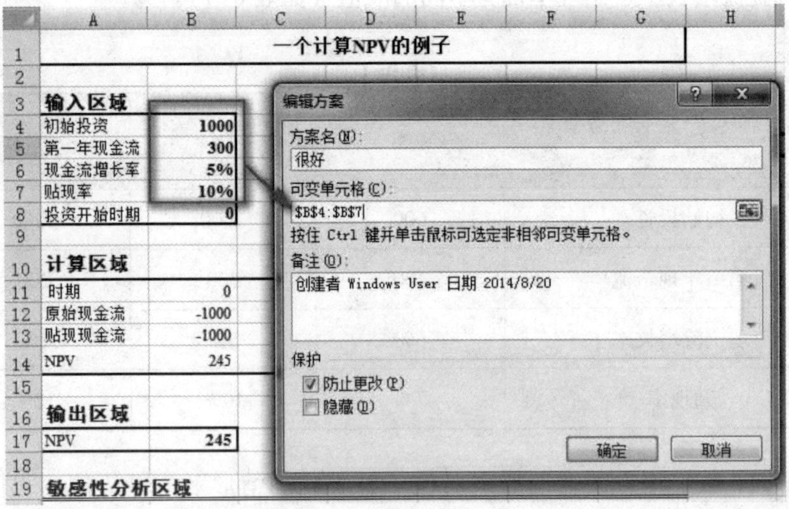

图 0-37

在下面的对话框中输入“很好”情形下，各已知条件对应的值，如图 0-38 所示：

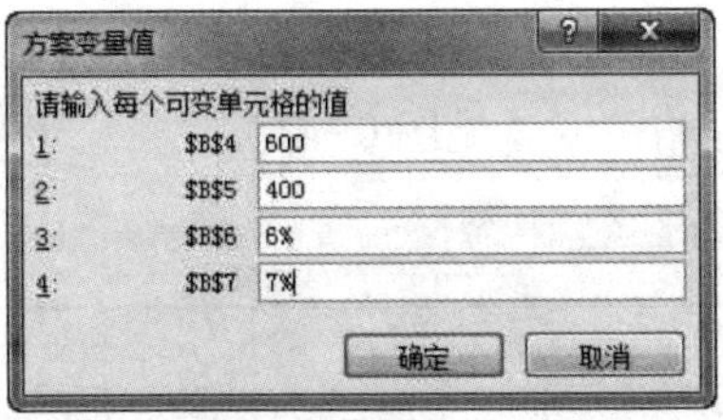

图 0-38

点击“确定”后完成第一个方案的添加（见图 0-39）：

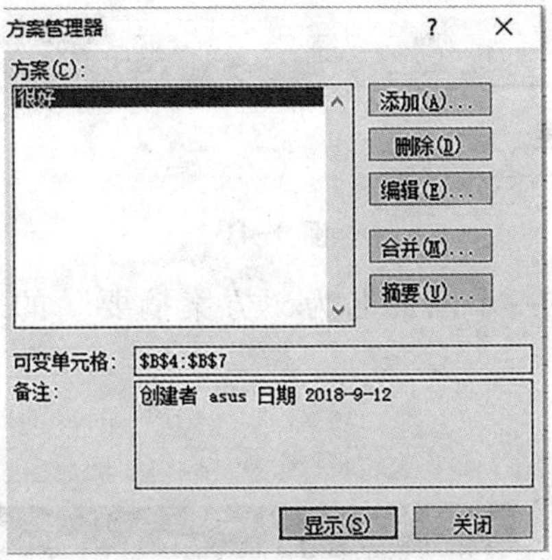

图 0-39

同理，继续点击“添加”完成“一般”和“很坏”两种方案。结果如图 0-40 所示：

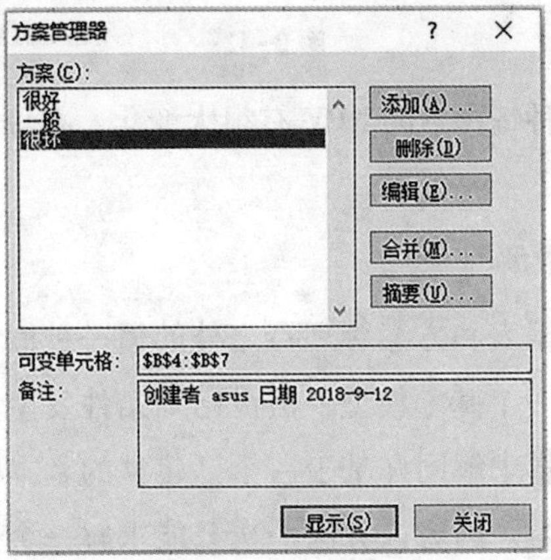

图 0-40

点击“摘要”，在下面对话框的“结果单元格”中输入原模型的结果变量，即 NPV 值所在单元格 B17（见图 0-41）：

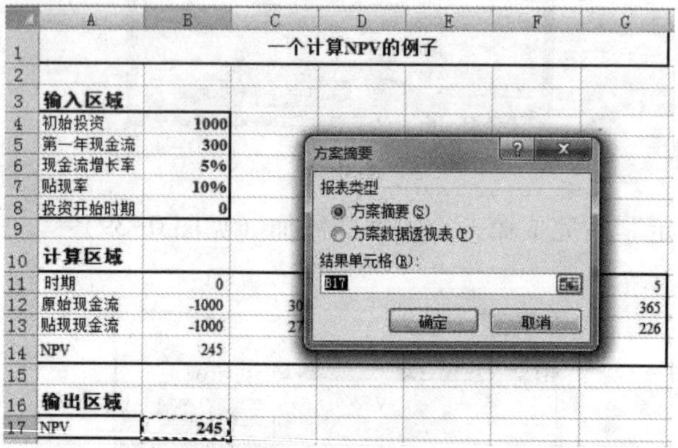

图 0-41

点击“确定”，在一个新的名为“方案摘要”的表单中显示如下结果（见图 0-42）：

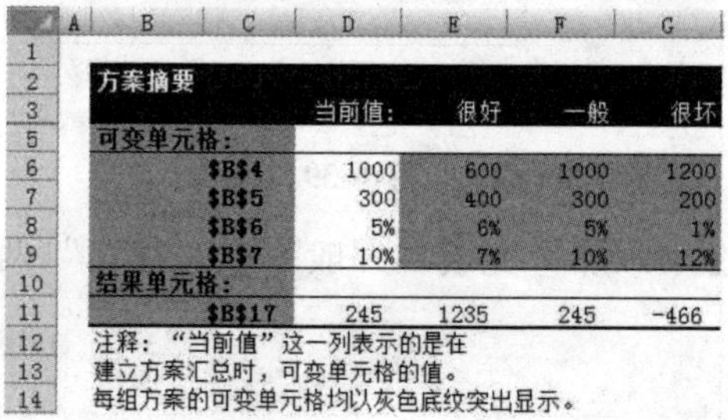

图 0-42

从中可以发现三种情形下的 NPV 有很大变化。在经济很坏时，该项目的 NPV 为负，不可投资。

0.2.5 单变量求解

单变量求解是数据表和方案管理器之外的另一种假设分析方法。数据表和方案管理器是基于一个基本模型，假设已知条件发生变化时，研究结果变量会如何变化。单变量求解同样基于一个已建立的基本模型，假设已知结果变量，来反解条件变量。因为该方法一次只能求解一个条件变量，因此被称为“单变量求解”。

继续“一个计算 NPV 的例子”。在该例子中，我们已知初始投资为 1000，第一年的现金流为 300，现金流增长率为 5%，贴现率为 10% 等条件变量，求解出该项目的 NPV 为 245。现在假设我们希望该投资能获得 500 的净现值，那么第一年至少应该产生多少现金流呢？

点击“数据”，在“数据工具”中找到“假设分析”，再点击“单变量求解”，弹出以下对话框。因为我们是假设已知 NPV 为 500，因此，在该对话框中的“目标单元格”处填入 NPV 值在原模型中的位置，即“B17”，在“目标值”处填入 500。而“可变单元格”处则填入我们要反解的变量，在本例中为“第一年的现金流”（见图 0-43）。

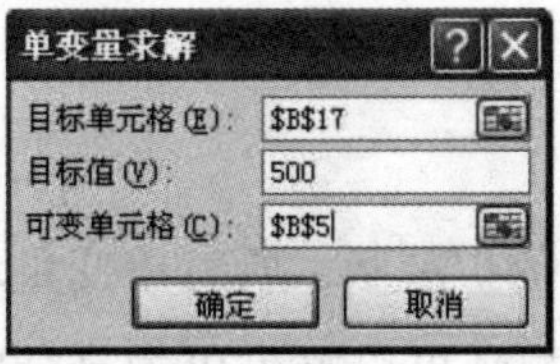

图 0-43

点击确定，结果如图 0-44。可以看出，如果要实现 500 的 NPV，本项目第一年至少应产生 361.39 的现金流。

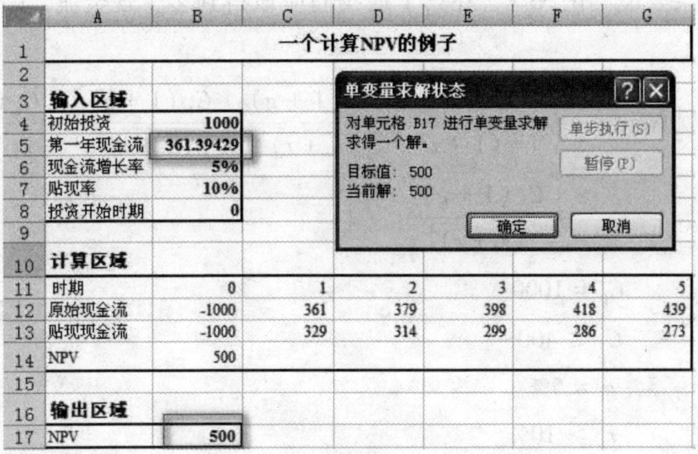

图 0-44

同理，我们还可以解出其他的条件变量。比如假设第一年的现金流依然为 300，如果要达到 500 的 NPV，现金流增长率至少应为 15%（见图 0-45）。

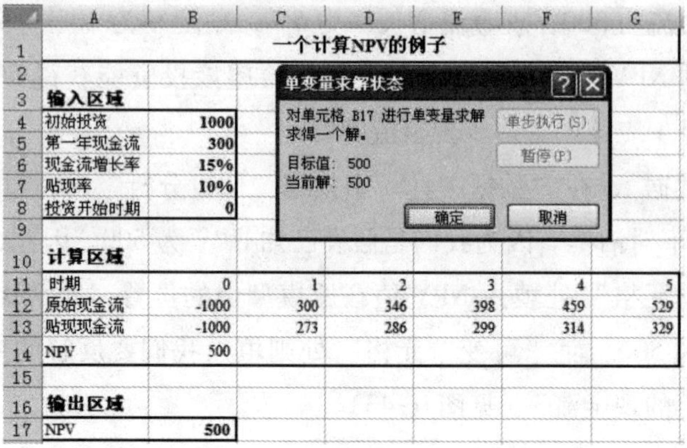

图 0-45

0.2.6 规划求解

规划求解是单变量求解的扩展版，所有单变量求解能解决的问题，规划求解都能解决。而且，规划求解还可以解决更为复杂的问题，比如，在已知结果变量的前提下（或最大、最小结果变量），我们可以求解两个或多个条件变量。

继续“一个计算 NPV 的例子”，假设我们面临以下优化问题。已知初始投资为 1000，第 1 期现金流不高于 400，增长率为 5%，贴现率不低于 10%。此时，如果要最大化 NPV，在第 1 期我们应该得到多少现金流，贴现率又应该为多少？

$$\max_{C_1,\ r} \quad NPV = -C_0 + \frac{C_1}{(1+r)^1} + \frac{C_1(1+g)}{(1+r)^1} + \frac{C_1(1+g)^2}{(1+r)^2} + \frac{C_1(1+g)^3}{(1+r)^3} + \frac{C_1(1+g)^4}{(1+r)^4}$$

$$\text{s.t.} \quad C_0 = 1000, \quad C_1 \leqslant 400, \quad g = 5\%, \quad r \geqslant 10\%$$

在原模型中，点击“数据”、在“分析”中点击“规划求解”，弹出以下对话框。上述优化问题是基于一系列约束条件，求解能实现 NPV 最大化的第 1 期现金流及贴现率。因此，目标是最大化 NPV，则需要在“设置目标单元格”后输入 NPV 值所在单元格“B17”，然后选择“最大值”（如果是最小化 NPV，则选择“最小值”，如果已知 NPV 确切值，则选择“值为”，并在其后输入具体的值）。本例是为了求解第 1 期现金流和贴现率，因此在“可变单元格”里输入这两个变量对应的单元格，分别为 B5 和 B7。然后，在“约束”部分，点击“添加”，将上述四个约束加入（见图 0-46）。

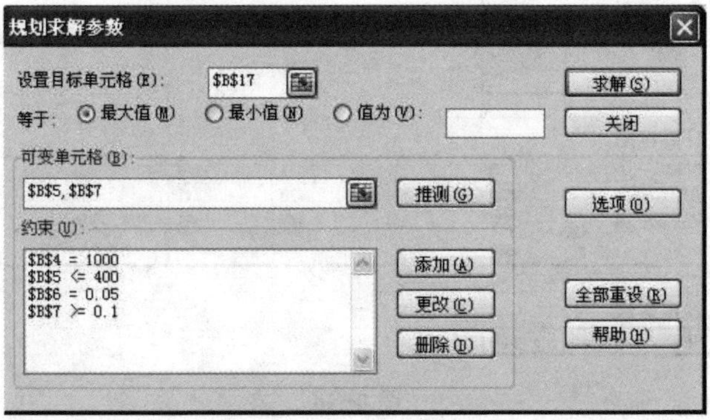

图 0-46

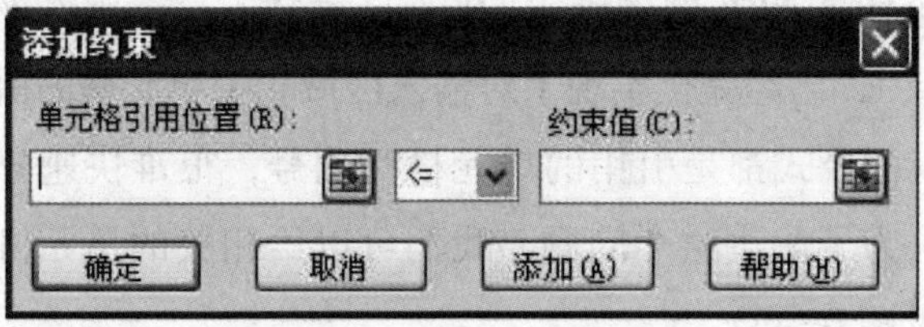

图 0-47

图 0-47 为约束添加对话框，比如要添加“初始投资为 1000”这个约束，我们需在“单元格引用位置”下输入“初始投资”在输入区域所在单元格，即“B4”，在“约束值”下输入“1000”，因为该约束为硬约束，因此将中间的约束符号更改为“=”。在输入第一条约束后，继续点击“添加”，输入其他约束条件。

约束添加完毕后，点击“求解”，结果如图 0-48 所示。在以上约束下，要实现 NPV 最大化，第 1 期现金流应取最大值 400，而贴现率应取最小值 10%，此时项目 NPV 为 660。

	A	B	C	D	E	F	G
1	一个计算NPV的例子						
2							
3	**输入区域**						
4	初始投资	1000					
5	第一年现金流	400					
6	现金流增长率	5%					
7	贴现率	10%					
8	投资开始时期	0					
9							
10	**计算区域**						
11	时期	0	1	2	3	4	5
12	原始现金流	-1000	400	420	441	463	486
13	贴现现金流	-1000	364	347	331	316	302
14	NPV	660					
15							
16	**输出区域**						
17	NPV	660					

图 0-48

0.2.7 变量命名

继续“一个计算 NPV 的例子”，在“显示公式”下观察该模型，可以发现在“计算区域”，已经完全实现了对输入区域相关单元格的引用。但仍有一个问题，即所有的公式都是引用的单元格行列号，很难快速分辨出公式是由哪些变量构成。为了解决这个问题，我们可以给相关的单元格命名，提高公式的可读性（见图 0-49）。

	A	B	C	D	E	F	G
1	一个计算NPV的例子						
2							
3	**输入区域**						
4	初始投资	1000					
5	第一年现金流	300					
6	现金流增长率	0.05					
7	贴现率	0.1					
8	投资开始时期	0					
9							
10	**计算区域**						
11	时期	=B8	=B11+1	=C11+1	=D11+1	=E11+1	=F11+1
12	原始现金流	=-B4	=B5	=C12*(1+$B$6)	=D12*(1+$B$6)	=E12*(1+$B$6)	=F12*(1+$B$6)
13	贴现现金流	=B12/(1+$B$7)^B11	=C12/(1+$B$7)^C11	=D12/(1+$B$7)^D11	=E12/(1+$B$7)^E11	=F12/(1+$B$7)^F11	=G12/(1+$B$7)^G11
14	NPV	=SUM(B13:G13)					
15							
16	**输出区域**						
17	NPV	=B14					

图 0-49

点击“公式”，在“定义的名称”中选择“定义名称”，再选择“定义名称”，弹出以下对话框。其中“引用位置”为被命名的单元格，“名称”则为被命名的名称。此处我们将“B4”命名为“初始投资”，然后点击确定（详情见图 0-50）。

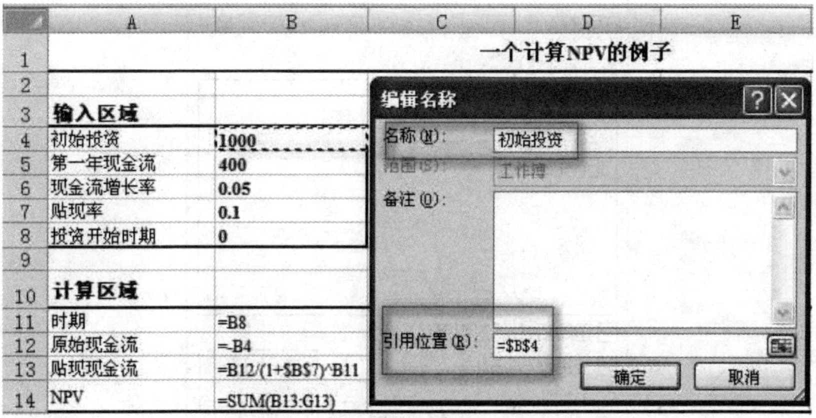

图 0-50

同理，我们可对其他变量进行命名，列表如图 0-51：

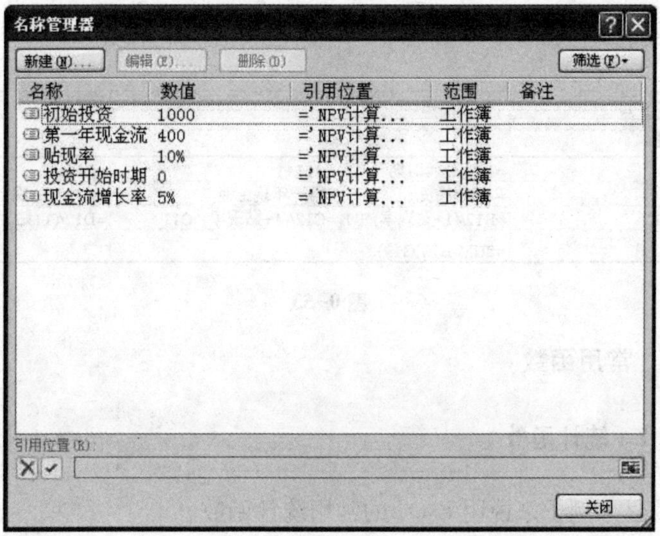

图 0-51

然后，点击“公式”，在“定义的名称”中选择“定义名称”，再选择“应用名称”，将弹出以下对话框，选中所有的名称，点击确定（见图 0-52）：

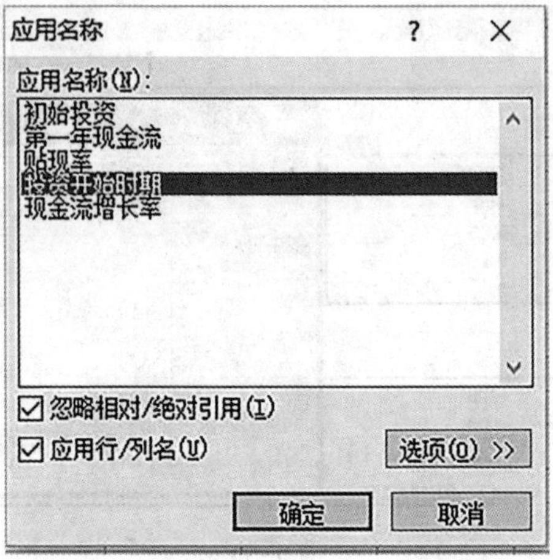

图 0-52

结果如图 0-53，从中可以看出，当单元格被命名，且名称被应用后。该单元格再被引用时将显示其名称，此时模型的可读性提高。

	A	B	C	D
10	**计算区域**			
11	时期	=投资开始时期	=B11+1	=C11+1
12	原始现金流	=-初始投资	=第一年现金流	=C12*(1+现金流增长率)
13	贴现现金流	=B12/(1+贴现率)^B1	=C12/(1+贴现率)^C11	=D12/(1+贴现率)^D11
14	NPV	=SUM(B13:G13)		

图 0-53

0.2.8 常用函数

0.2.8.1 统计函数

我们用以下例子来说明 Excel 的常用统计函数。

其中，均值公式为 $\overline{X}=\frac{\sum_{i=1}^{N}x_i}{N}$，可用函数 Average 来计算。

函数 Var 和 Varp 都是计算方差，二者的区别在于前者是计算样本方差，后者是计算总体方差。

样本方差的计算公式为 $\frac{1}{N-1}\sum_{i=1}^{N}(x_i-\overline{X})^2$，而总体方差的计算公式为 $\frac{1}{N}\sum_{i=1}^{N}(x_i-\overline{X})^2$。同理可知，stdev 和 stdevp 的区别也在于前者是计算样本标准

差，后者计算的是总体标准差，分别由样本方差和总体方差开方得到。

X 与 Y 的协方差计算公式为 $\frac{1}{N}\sum_{i=1}^{N}(x_i-\overline{X})(y_i-\overline{Y})$，可用函数 COVAR 计算；相关系数的计算公式为 $COVAR(X, Y)/(\sigma_X\sigma_Y)$，可由函数 CORREL 计算。

	A	B	C	D	E
1	基本统计函数				
2					
3	交易日期	X	Y		
4	2012-12-31	0.02692	0.05968		
5	2012-12-28	0.00775	0.01272		
6	2012-12-27	0.00715	-0.00527		
7	2012-12-26	-0.00259	0.01826		
8	2012-12-25	0.03284	0.00976		
15	2012-12-14	0.07965	0.01521		
16	2012-12-13	-0.01264	-0.00755		
17	2012-12-12	0.00921	0.01422		
18	2012-12-11	-0.01466	0.02122		
19	2012-12-10	0.02139	0.01704		
20	2012-12-07	0.03775	0.00571		
21	2012-12-06	0.00896	0.03796		
22	2012-12-05	0.05433	0.01079		
23					
24	均值	0.012576	0.010447	<-- =AVERAGE(C4:C22)	
25	样本方差	0.000608	0.000461	<-- =VAR(C4:C22)	
26	总体方差	0.000576	0.000437	<-- =VARP(C4:C22)	
27	样本标准差	0.024666	0.021468	<-- =STDEV(C4:C22)	
28	总体标准差	0.024008	0.020895	<-- =STDEVP(C4:C22)	
29					
30	相关系数	0.200570	<-- =CORREL(B4:B22,C4:C22)		
31	协方差	0.000101	<-- =COVAR(B4:B22,C4:C22)		

图 0-54

在 Excel 中添加 Getformula 函数

在图 0-54 的单元格 D24：D28 中产生了单元格 C24：C28 的公式注释，所用函数为 Getformula。如 D24 中的公式为"=Getformula（C24）"。它是一个动态函数，当 C24 中的公式改变时，D24 的输出结果也会发生变化。

因为 Getformula 是一个自制函数，需要我们自己在工作表中添加，添加的步骤如下：

第一步，打开需要添加公式的工作表，按"Alt"+"F11"，或者点击"开发工具"，在"代码"中点击"Visual Basic"进入 VBA 编辑器，其屏幕显示如下（见图 0-55）：

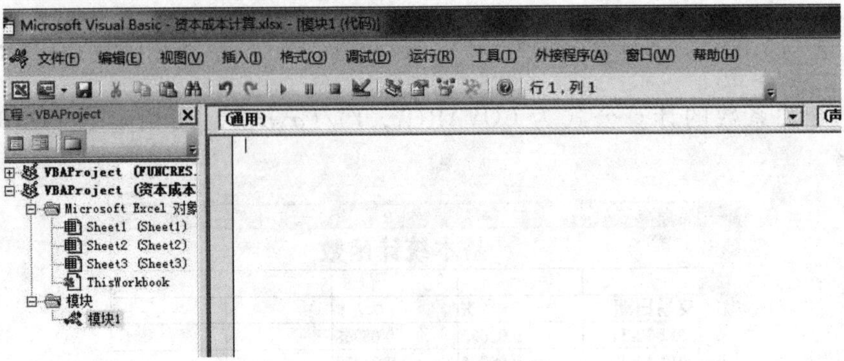

图 0-55

然后点击“插入”、“模块”（见图 0-56）。

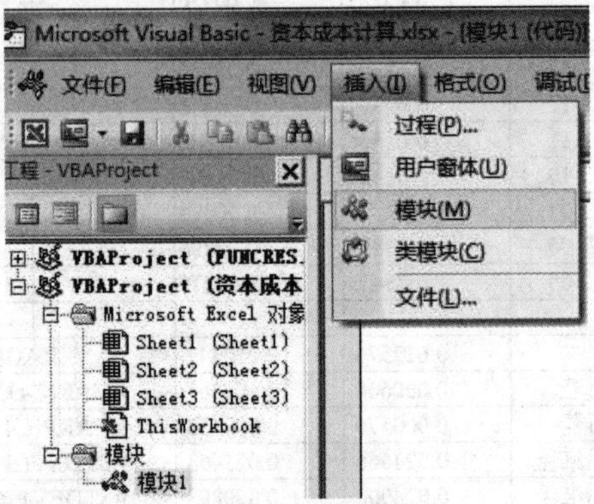

图 0-56

在模块窗口插入下面的文本：

```
Function getformula (r As Range) As String
    Application. Volatile
    If r. HasArray Then
    getformula = "<-- " & " {" & r. FormulaArray & " } "
    Else
    getformula ="<-- " & " " & r. FormulaArray
    End If
End Function
```

输入完毕后，关闭 VBA 窗口（不用保存），此时这个公式就被保存在该工作表中。

0.2.8.2 条件函数

If，VLookup，HLookup 函数允许在参数中加入条件，被称为条件函数。

(1) If 函数

If 函数的语法是“If（条件，条件为真时的输出，条件为假时的输出）”。下例（见图 0-57）展示了 If 函数的应用，即判断 $x>y$ 条件是否成立，如果成立，则输出 x，否则输出 y。

	A	B	C	D
1	If函数			
2				
3	x	3		
4	y	5		
5				
6	z	7		
7				
8	If语句	5	<-- =IF(B3>B4,B3,B4)	

图 0-57

If 函数一般都会嵌套使用，进行多重条件判断。比如，我们要用 If 函数找出 x，y，z 三者之间的最大值，要进行三次判断。其逻辑如下：首先判断 $x>y$，①如果条件成立，再判断 $x>z$，如果 $x>z$ 成立，则输出 x，否则输出 z；②如果条件不成立，即 $x<y$，那么此时需要判断 $y>z$ 是否成立，如果 $y>z$，则输出 y，否则输出 z。例子如图 0-58：

	A	B	C	D	E	F	G
1	If函数						
2							
3	x	3					
4	y	5					
5							
6	z	7					
7							
8	If语句	7	<-- =IF(B3>B4,IF(B3>B6,B3,B6),IF(B4>B6,B4,B6))				

图 0-58

(2) VLookup 和 HLookup 函数

VLookup 和 HLookup 函数是两个条件搜索函数，二者的语法结构一致，我们只需要介绍其一即可。本文以一个例子来介绍 VLookup 函数的使用。其语法是“VLookup（lookup_value，table_array，col_index_num，range_lookup）。其中，lookup_value 是要寻找的值；table_array 为查找的区域，它第一列中应包含被寻找值；col_index_num 是一个序号，比如 1，2，3 等，是指当在第一列中找到被寻找值时，返回被寻找值同行第几列的数据，如果为 1 则返回第一列的数据（即寻找值），如果序号为 4，而整个查找区域只有 3 列，此时会报错；range_lookup 是逻辑匹配值，如果为 true 或缺省代表近似匹配，即如果在第一列找不到被寻找值，则返回小于 lookup_value 的最大数值（因此，要求被查找区域的第一列按升序排列），如果 range_lookup 为 false，则代表精确匹配，找不到 lookup_value 会返回#N/A（见图 0-59）。

	A	B	C	D	E
1	**Vlookup函数**				
2					
3	**收入**	**税率**			
4	1455	10%			
5	4500	20%			
6	9000	25%			
7	35000	30%			
8	55000	35%			
9	80000	45%			
10					
11					
12	**收入**	**40000**			
13	**税率**	**30%**	<-- =VLOOKUP(B12,A4:B9,2)		

图 0-59

0.2.8.3 引用函数

（1）Index 函数。Index 函数是在一个给定的区域中，找出给定行和列交叉处的数值。如下例（图 0-60）所示：

	A	B	C	D	E
1	Index函数				
2					
3	reference(参考区域)	B10：E21			
4	Row_num（行数）	3			
5	Cohmn_num（列数）	2			
6					
7	查找出的数值	60	<-- =INDEX(B9:E20,B4,B5)		
8					
9		20	17	79	32
10		31	84	97	34
11		12	60	62	22
12		65	53	91	24
13		1	22	79	11
14		47	63	3	69
15		77	16	51	64
16		90	96	64	31
17		27	13	81	93
18		98	64	87	81
19		53	1	70	16
20		94	72	77	49

图 0-60

（2）Offset 函数。“Offset” 函数是一个定位取值函数。它根据一个指定的引用为参照系，通过围绕参照系上下左右移动，选定一个或一组单元格，并返回其中的值。一般该函数并不单独使用，大都与其他 Excel 函数配合使用。

该函数中共有五个参数，OFFSET(reference,rows,cols,[height],[width])，其中：

Reference 作为参照系的引用区域。Reference 必须为对单元格或相连单元格区域的引用；否则，函数 OFFSET 返回错误值#VALUE!。

Rows 为相对于从参照系的左上角单元格往下移动的行数。如果该数值为负，则代表往上移动。

Cols 为相对于从参照系的左上角单元格往右移动的列数，如果该数值为负，则代表往左移动。

Height 为高度，即所要返回的引用区域的行数。Height 必须为正数。

Width 为宽度，即所要返回的引用区域的列数。Width 必须为正数。

其中［height］，［width］加了方括号，表示这两个参数可以缺省，那意味着返回区域的行数和列数与 Reference，即参照体系的行列数一致。

如果参照体系为一个数，返回的也是一个数，例子如图 0-61。在下例中，我们以单元格 D15 为参照，往下移动 3 行，往右移动 5 列。如图所示，此时移动至单元格 I18，返回其中的值 64。

	A	B	C	D	E	F	G	H	I
1	Offset函数的使用								
2	Reference（起始点）	D15							
3	Rows（向下移动的行数）	3							
4	Cols（向右移动的列数）	5							
5	Height（返回的行数）	1							
6	Width（返回的列数）	1							
7									
8	返回的值	64	<-- =OFFSET(D15,B3,B4,B5,B6)						
9		64	<-- =OFFSET(D15,B3,B4)						
10									
11		30	32	34	36	38	20	17	79
12		32	97	56	81	67	31	84	97
13		34	96	52	98	74	12	60	62
14		22	13	26	29	42	65	53	91
15		24	14	19	59	48	1	22	79
16		11	3	44	91	67	47	63	3
17		69	37	83	34	94	77	16	51
18		64	24	28	0	16	90	96	64
19		31	58	88	87	61	27	13	81
20		93	59	81	58	62	98	64	87
21		81	78	39	71	84	53	1	70
22		16	1	80	30	31	94	72	77
23		49	26	60	72	75	91	97	56

图 0-61

如果参照体系为一组数，也需要返回一组数。如下例（图 0-62）所示，我们以整个数据区域 B11 至 I23 为参照体系，从左上角单元格开始移动，即从单元格 B11 开始移动，往下移动 3 行，往右移动 2 列，此时已移动至单元格 D14。如果返回一个 2 行、2 列的矩阵，则要返回单元格 D14 至 E15 中的值。此时 Offset 函数返回了四个值，我们对其求和，结果为 134。求和函数为 Sum。

	A	B	C	D	E	F	G	H	I
1	Offset函数的使用								
2	Reference（起始点）	B11：I23							
3	Rows（向下移动的行数）	3							
4	Cols（向右移动的列数）	2							
5	Height（返回的行数）	2							
6	Width（返回的列数）	2							
7									
8	返回的所有值之和	134	<-- =SUM(OFFSET(B11:I23,B3,B4,B5,B6))						
9									
10									
11		30	32	34	36	38	20	17	79
12		32	97	56	81	67	31	84	97
13		34	96	52	98	74	12	60	62
14		22	13	26	29	42	65	53	91
15		24	14	19	59	48	1	22	79
16		11	3	44	91	67	47	63	3
17		69	37	83	34	94	77	16	51
18		64	24	28	0	16	90	96	64
19		31	58	88	87	61	27	13	81
20		93	59	81	58	62	98	64	87
21		81	78	39	71	84	53	1	70
22		16	1	80	30	31	94	72	77
23		49	26	60	72	75	91	97	56

图 0-62

0.2.8.4 回归分析

用 Excel 作回归分析有几种方法：

（1）用 Intercept、Slope 和 Rsq 函数分别计算一元回归的截距项系数和自变量 X 的系数以及模型的拟合程度 R^2。三个函数的语法一致，以 Intercept 为例，其语法为"intercept（y，x）"，即分别将被解释变量和解释变量输入即可。

	A	B	C	D	E
1	回归分析				
2					
3	交易日期	X	Y		
4	2012-12-31	0.02692	0.05968		
5	2012-12-28	0.00775	0.01272		
6	2012-12-27	0.00715	-0.00527		
7	2012-12-26	-0.00259	0.01826		
13	2012-12-18	0.00197	0		
14	2012-12-17	0.00263	-0.0107		
15	2012-12-14	0.07965	0.01521		
16	2012-12-13	-0.01264	-0.00755		
17	2012-12-12	0.00921	0.01422		
18	2012-12-11	-0.01466	0.02122		
19	2012-12-10	0.02139	0.01704		
20	2012-12-07	0.03775	0.00571		
21	2012-12-06	0.00896	0.03796		
22	2012-12-05	0.05433	0.01079		
23					
24	回归的截距项	0.00825	<-- =INTERCEPT(C4:C22,B4:B22)		
25	X的系数	0.17457	<-- =SLOPE(C4:C22,B4:B22)		
26	方程的R平方	0.04023	<-- =RSQ(C4:C22,B4:B22)		

图 0-63

根据上例（图 0-63）的结果可知，Y 与 X 的线性关系如下：

$$Y=0.00825+0.17457*X$$

Rsq 为 0.04023，说明 Y 的变化中有 4.023%可以由 X 来解释。

（2）先作 XY 散点图，再用"添加趋势线"的方式得到回归结果。

第一步，作散点图。点击"插入"，在"图表"中插入"散点图"。输入 X 与 Y 的信息（见图 0-64）。

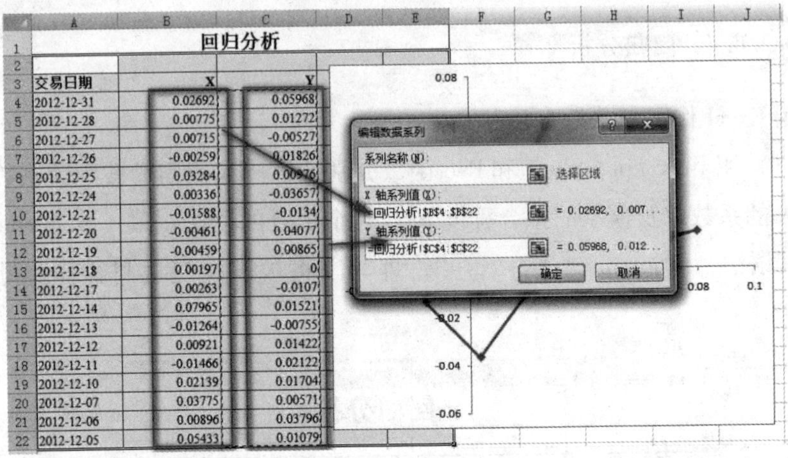

图 0-64

第二步，激活图上的数据线，点击右键选择“添加趋势线”，对话框如图 0-65 所示。在“趋势线选项”中点击“线性”，并在下方选中“显示公式”和“显示 R 平方值”。

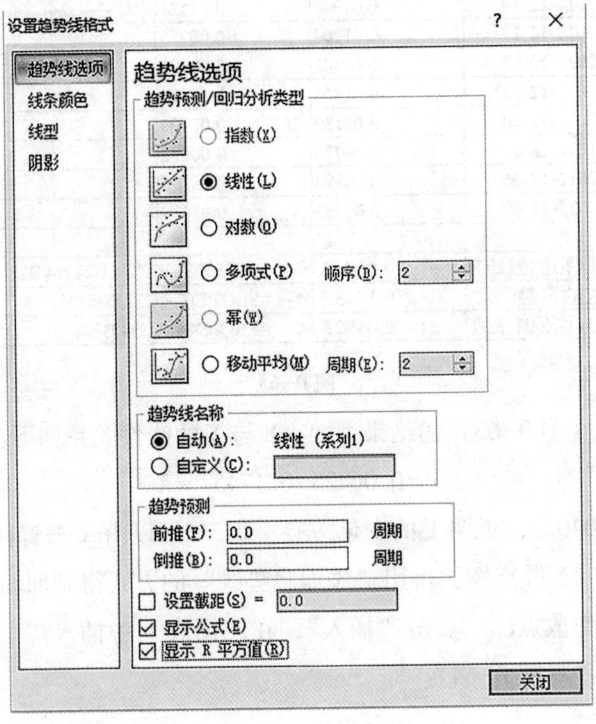

图 0-65

点击“确定”，结果如图 0-66：（在图的右上方显示了线性回归的结果）

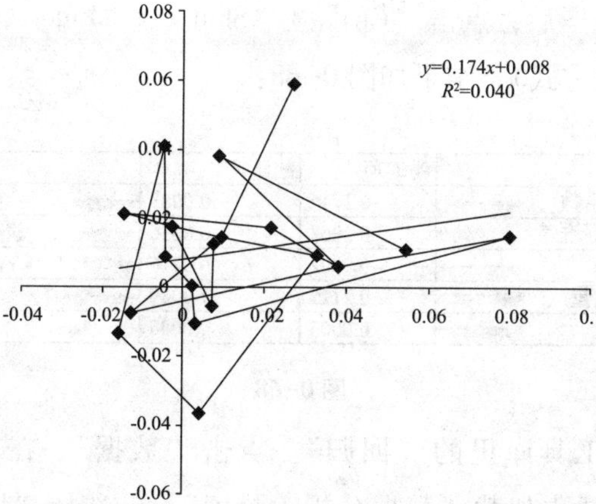

图 0-66

（3）使用 Linest 函数来计算回归参数。Linest 为一个数组函数，可以输出一组结果，为五行、两列。因此，要使用 Linest 函数，首先要选择一个至少五行两列的区域，然后在功能区的公式输入栏里输入函数 linest（y，x,，true)，第一个参数为所有的 y 值，第二个参数为所有的 x 值，第三个参数为对截距项的限制，可以缺省，第四个参数如果缺省或为 false，代表的是 linest 函数只输出对截距项和斜率项的估计系数，不输出其他统计参数，而如果为 true，则要求输出所有的参数，具体见图 0-67。

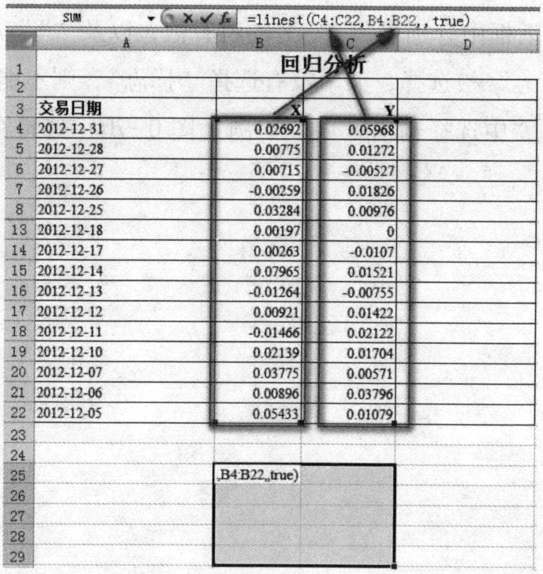
SUM =linest(C4:C22,B4:B22,,true)

	A	B	C	D
1	回归分析			
2				
3	交易日期	X	Y	
4	2012-12-31	0.02692	0.05968	
5	2012-12-28	0.00775	0.01272	
6	2012-12-27	0.00715	-0.00527	
7	2012-12-26	-0.00259	0.01826	
8	2012-12-25	0.03284	0.00976	
13	2012-12-18	0.00197	0	
14	2012-12-17	0.00263	-0.0107	
15	2012-12-14	0.07965	0.01521	
16	2012-12-13	-0.01264	-0.00755	
17	2012-12-12	0.00921	0.01422	
18	2012-12-11	-0.01466	0.02122	
19	2012-12-10	0.02139	0.01704	
20	2012-12-07	0.03775	0.00571	
21	2012-12-06	0.00896	0.03796	
22	2012-12-05	0.05433	0.01079	
23				
24				
25		,B4:B22,,true)		
26				
27				
28				
29				

图 0-67

当函数定义完毕后，点击“Ctrl”+“Shift”+“Enter”键输出结果（这是数组函数的输出方式），结果如图 0-68：

24		斜率项	截距项	
25	斜率系数	0.1746	0.0083	截距系数
26	斜率标准差	0.2068	0.0056	截距标准差
27	R平方	0.0402	0.0216	Y的标准差
28	F统计量	0.7125	17.0000	自由度
29	SSR	0.0003	0.0080	SSE

图 0-68

（4）用分析工具库里的“回归”。点击“数据”，在“分析”中点击“数据分析”（需要先加载“数据分析工具库”），选择“回归”，点击“确定”（见图 0-69）。

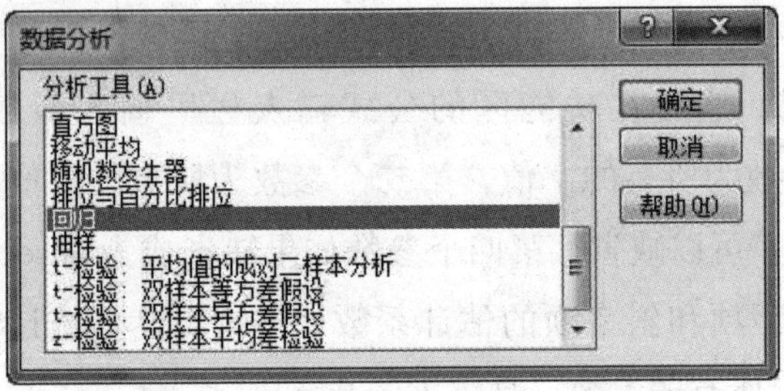

图 0-69

在弹出的对话框中分别输入 *X*、*Y* 的所有值，以及“*X*”、“*Y*”所在单元格（前提是“标志”被选择，如果没有选择“标志”，则不能输入名称），然后在“输出选项“中选择输出区域，本例（图 0-70）选择在 A25 处输出结果。点击“确定”。

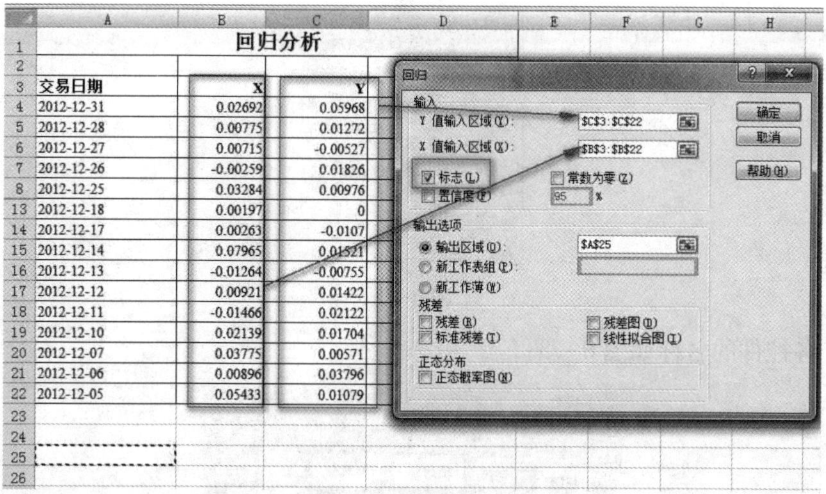

图 0-70

回归结果如图 0-71。其中最后一部分报告了回归参数及相关的统计量。

	A	B	C	D	E	F	G	H	I
25	SUMMARY OUTPUT								
26									
27	回归统计								
28	Multiple R	0.200569834							
29	R Square	0.040228258							
30	Adjusted R Square	-0.016228903							
31	标准误差	0.02164154							
32	观测值	19							
33									
34	方差分析								
35		df	SS	MS	F	Significance F			
36	回归分析	1	0.000333725	0.000333725	0.7125448	0.410322146			
37	残差	17	0.007962057	0.000468356					
38	总计	18	0.008295781						
39									
40		Coefficients	标准误差	t Stat	P-value	Lower 95%	Upper 95%	下限 95.0%	上限 95.0%
41	Intercept	0.008252027	0.005604833	1.472305593	0.1592103	-0.003573137	0.0200772	-0.003573	0.0200772
42	X	0.174568902	0.206804881	0.844123704	0.4103221	-0.261751254	0.6108891	-0.261751	0.6108891

图 0-71

0.2.9 控件的使用

在 Excel 模型中使用控件可以为用户输入提供方便，比如，若要创建一个具有多个输入选项的模型，就可以通过创建控件为用户提供选择输入单元格的值。

点击“开发工具”、“插入”，将弹出以下界面（图 0-72）。可以看出，Excel 中包含的控件分“表单控件”和“ActiveX 控件”两类，其中“表单控件”更易于使用，“ActiveX 控件”比较灵活。本文将重点介绍“表单控件”在财务金融模型中的使用方法。

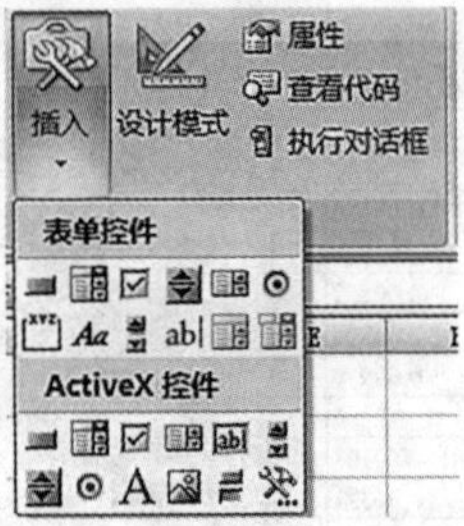

图 0-72

各控件的名称如图 0-73：

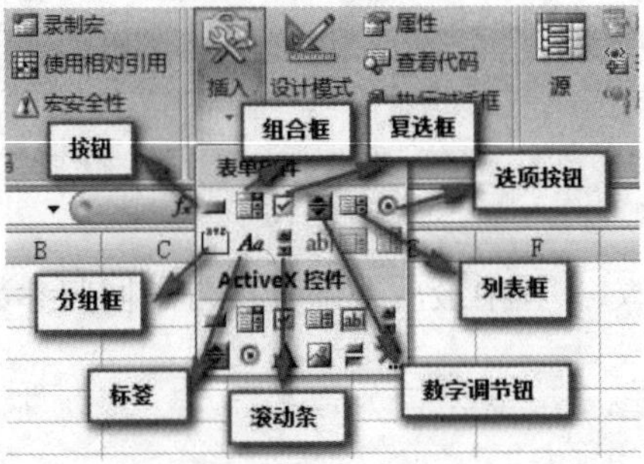

图 0-73

各控件的作用如下：

按钮：一般和一段宏代码配合使用，将宏代码指定给一个按钮后，只要单击该按钮，就会实现宏代码的运行，可以将之视为宏代码的快捷操作键。

标签：用于表现一段静态文本。

复选框和选项按钮：二者类似，一般用于制作多选和单选输入。

列表框和组合框：二者类似，列表框是直接显示一系列条目，而组合框需要点击下拉菜单显示一系列条目，允许从其中选择一个条目。

滚动条和数字调节钮：二者类似，前者是通过拖动滚动条或者点击箭头来选择一个值，而后者只能通过点击上下箭头来选择一个值。

继续"一个计算 NPV 的例子"，假如我们想在模型中提供多个贴现率的输入值，比如贴现率分别为 1%、5%、10% 和 15%，此时可通过组合框、列表框、滚动条、数字调节钮和选项按钮来实现多个输入值的目的。

虽然控件类型不同，但它们都是通过一个"单元格链接"来与 Excel 表单产生联系。各类控件的使用步骤如下：

第一步，列出被控制变量的值，我们称之为"数据源"。

第二步，画出控件，指定控件所链接的单元格，并将数据源赋给控件（主要针对列表框和组合框），或者进行其他参数设置（主要针对滚动条和数字调节钮）。

第三步，使用 Offset 函数，引用控件所链接的单元格的值，在数据源中找出控件所选择的数据。

第四步，将 Offset 函数的返回值引入原模型的计算区域，此时控件可以控制模型的变化。

下面，将分别说明不同控件的运用。

0.2.9.1 组合框和列表框

第一步：列出被控制变量的值，即“数据源”。在本例中被控制变量为“贴现率”，其值为 1%、5%、10% 和 15%。一般我们将其排成一行或一列，置于模型的下方。

为了方便模型展示，我们选中“敏感性分析”和“备注”区域，点击右键，选择“隐藏”，将其暂时隐藏起来。再在模型下面加入一个“工作区域”，用来放置各类控件所控制的“数据源”。我们将贴现率的值排成一列，如图 0-74 所示：

	A	B	C	D	E	F	G
1	一个计算NPV的例子						
2							
3	**输入区域**						
4	初始投资	1000					
5	第一年现金流	300					
6	现金流增长率	5%					
7	贴现率	10%					
8	投资开始时期	0					
9							
10	**计算区域**						
11	时期	0	1	2	3	4	5
12	原始现金流	-1000	300	315	331	347	365
13	贴现现金流	-1000	273	260	248	237	226
14	NPV	245					
15							
16	**输出区域**						
17	NPV	245					
24							
27	**工作区域**						
28							
29	折现率						
30	1%						
31	5%						
32	10%						
33	15%						
34							

图 0-74

第二步，点击“开发工具”、“插入”，在“表单控件”中选择“组合框”。

用鼠标在 Excel 中画出组合框的形状。用右键可以选中组合框，此时用左键可以调节其大小和位置。我们将组合框拖动至贴现率数据所处的单元格位置。如图 0-75 所示：

图 0-75

此时，用右键选中组合框，并点击“设置控件格式”（见图 0-76）。

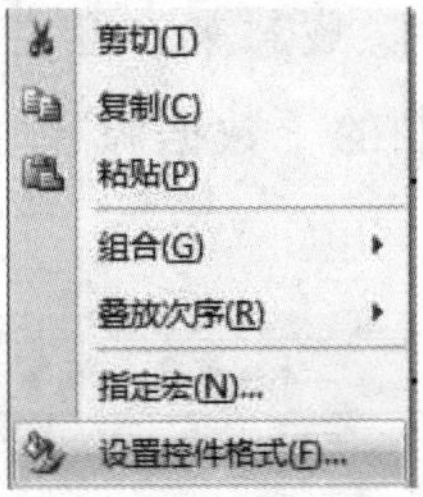

图 0-76

弹出以下对话框，点击“控制”。首先，我们在“数据源区域”输入被控制变量，即“贴现率”的所有值，该区域为 A30：A33，然后，在“单元格链接”中随意输入一个空白单元格作为控件和 Excel 表单的链接，此时我们选择 B29（提示：建议这个单元格不要离数据源太远，因为下一步我们将引用该单元格中的值）。“下拉显示项数”默认值为 8，可以改变该值，它主要决定当我们点击“组合框”的下拉菜单时，里面显示多少条内容，如果数据源越大，下拉显示项数越多。在完成“数据源区域”和“单元格链接”输入后，点击“确定”（见图 0-77）。

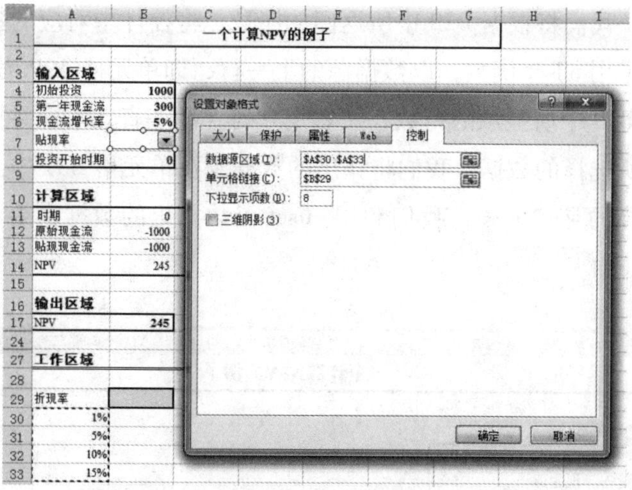

图 0-77

此时，点击“组合框”的下拉菜单，我们发现会显示出“1%、5%、10%、15%”四个值，如果我们选择“5%”，此时单元格 B29，即与控件链接的单元格中会显示“2”。而如果我们在组合框中分别选择“1%”、“10%”和“15%”时，B29 中会显示分别显示“1”“3”“4”。这说明，单元格 B29 中显示的数据为组合框中我们所选择的数据在整个数据源中的序号（见图 0-78）。

图 0-78

第三步，我们将根据 B29 中所返回的序号，将控件中对应的数值找出来。此时，我们采用 offset 函数，以数据源的上一行，即单元格 A29 为参照物，往下走单元格 B29 中所显示的行数，往右走 0 列（即一直在本列寻找），就能找出组合框中所选择的数据。我们将找出的数据放在单元格 B31 中。此时可见，组合框中选择的是“5%”，我们利用 offset 函数找出的数据也为“5%”（见图 0-79）。

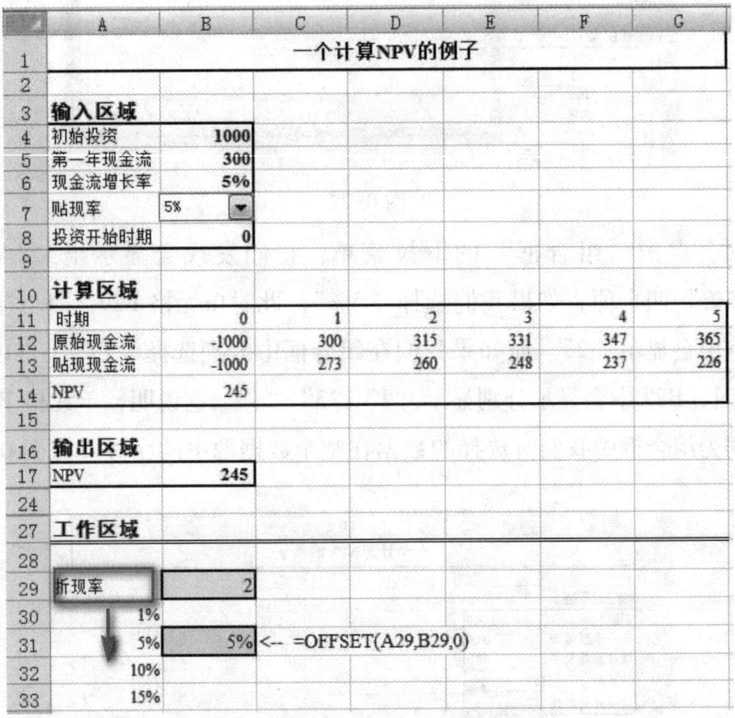

	A	B	C	D	E	F	G
1	一个计算NPV的例子						
2							
3	输入区域						
4	初始投资	1000					
5	第一年现金流	300					
6	现金流增长率	5%					
7	贴现率	5%					
8	投资开始时期	0					
9							
10	计算区域						
11	时期	0	1	2	3	4	5
12	原始现金流	-1000	300	315	331	347	365
13	贴现现金流	-1000	273	260	248	237	226
14	NPV	245					
15							
16	输出区域						
17	NPV	245					
24							
27	工作区域						
28							
29	折现率	2					
30	1%						
31	5%	5%	<-- =OFFSET(A29,B29,0)				
32	10%						
33	15%						

图 0-79

第四步，将单元格 B31 的值引入原模型。即将计算过程中原来引用“B7”的地方全部换成“B31”。此时组合框控件可以控制单元格 B29，而 B29 被 B31 引用，B31 又被模型计算过程引用。因此最终实现了由控件来控制模型（见图 0-80）。

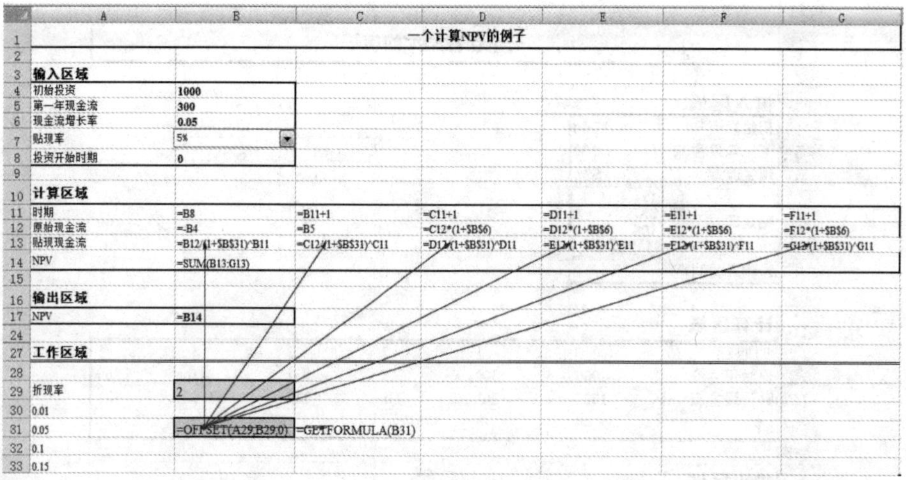

图 0-80

追踪引用和追踪从属单元格

“公式审核”中的“追踪引用单元格”和“追踪从属单元格”可以告诉我们某单元格的公式引用了哪些单元格的数据，以及某单元格被哪些公式所引用。在图 0-80 中，我们点击单元格 B31，然后点击“追踪从属单元格”，箭头所指方向告诉我们该单元格被 B13：G13 以及 C31 引用。点击“移去箭头”可以将追踪所指示的箭头移掉。

公式审核可以帮助我们实施一条通用准则：在建立模型时尽量避免出现没有引用的单元格或没有从属的单元格。

列表框控件的使用过程与组合框基本一致，仅在控件的显示方式上有区别。如图 0-81 所示，列表框是直接显示数据源，而组合框是点击下拉菜单显示数据源。

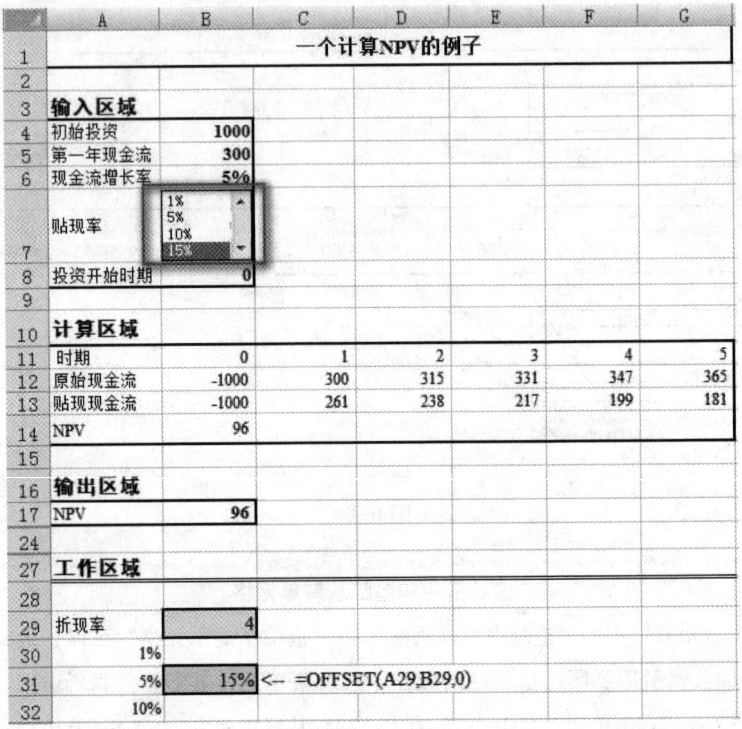

图 0-81

0.2.9.2 滚动条和数字调节钮

二者类似，下面以滚动条为例进行说明。

第一步，建立数据源（参照组合框部分内容，略）。

第二步，画出滚动条控件，点击右键，选择“设置控件格式”，点击“控制”。对话框如图 0-82。该对话框中所需输入的内容与组合框和列表框相比，除了都要设置“单元格链接”外，它并不需要赋予控件数据源，而是通过“最小值”和“最大值”来设置该控件控制的数值个数，默认“最小值”为 0，“最大值”为 100。而在本例中，数据源仅有 4 个数，因此将“最小值”设置为 1，“最大值”设置为 4（也可分别设置为 0 和 3，但为了保证 offset 函数使用方法与组合框一致，所以都将最小值设置为 1，将最大值设置为数据源中数据的个数）。“当前值”里的内容决定了滚动条当前所处的位置，如果为最小值，则滚动条处于最左边，如果为最大值，则处于最右边。“步长”的大小决定了我们每点击左右箭头一下，滚动条滚动多少个数值，一般设置为 1。

而“页步长”则决定了我们每点击滚动条空白处一下，滚动条滚动的数值，默认为 10。如果数据源的数量很大，则页步长也可以相应加大，以确保滚动的速度。

在本例中，我们将单元格链接设置为 B30，此时 B30 将受控件控制。

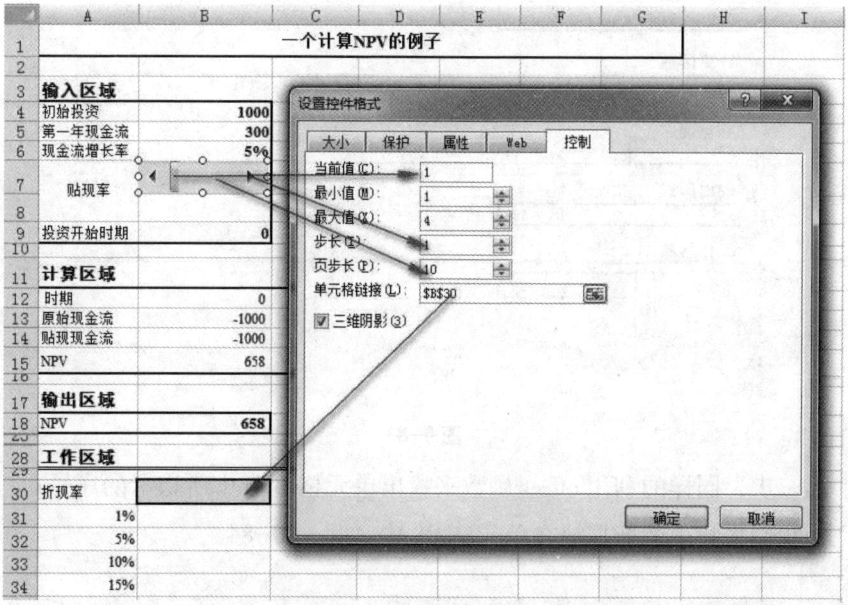

图 0-82

点击确定，此时滚动条的位置，将决定单元格 B30 中所返回的序号。当滚动条处于最左边时，返回序号 1，每点击一下滚动条左右的箭头，该序号变化 1，当滚动条处于最右边时，该序号为 4。因为滚动条控件本身并不显示任何数据，为了增加模型的可读性，我们在滚动条下方添加一行来显示相应的数据（见图 0-83）。

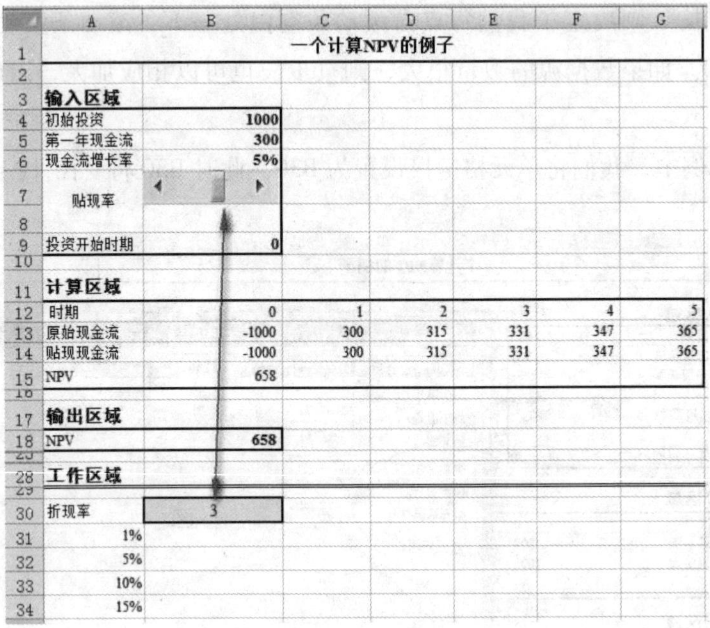

	A	B	C	D	E	F	G
1	一个计算NPV的例子						
2							
3	**输入区域**						
4	初始投资	1000					
5	第一年现金流	300					
6	现金流增长率	5%					
7	贴现率						
8							
9	投资开始时期	0					
10							
11	**计算区域**						
12	时期	0	1	2	3	4	5
13	原始现金流	-1000	300	315	331	347	365
14	贴现现金流	-1000	300	315	331	347	365
15	NPV	658					
16							
17	**输出区域**						
18	NPV	658					
28	**工作区域**						
29							
30	折现率	3					
31	1%						
32	5%						
33	10%						
34	15%						

图 0-83

第三步，同样的利用 offset 函数来找出单元格 B30 中所指示的序号对应的数据，我们将找出的数据放在单元格 B8 中（见图 0-84）。

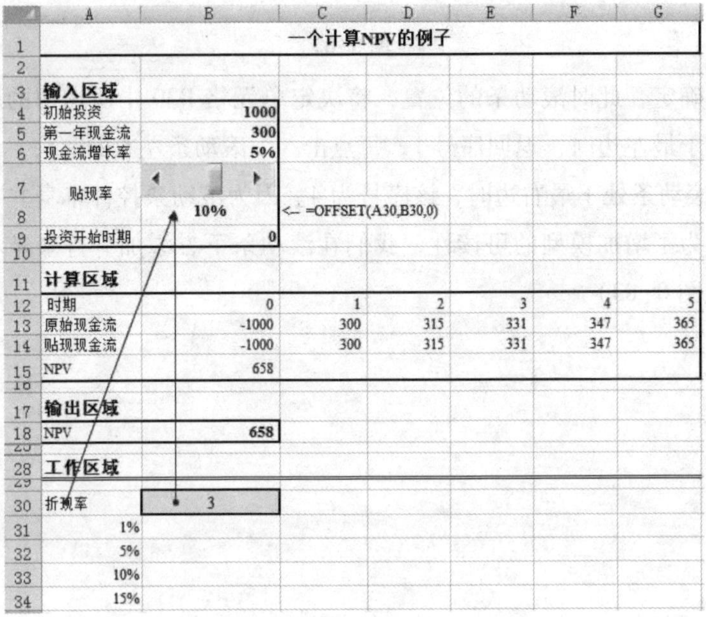

	A	B	C	D	E	F	G
1	一个计算NPV的例子						
2							
3	**输入区域**						
4	初始投资	1000					
5	第一年现金流	300					
6	现金流增长率	5%					
7	贴现率						
8		10%	<-- =OFFSET(A30,B30,0)				
9	投资开始时期	0					
10							
11	**计算区域**						
12	时期	0	1	2	3	4	5
13	原始现金流	-1000	300	315	331	347	365
14	贴现现金流	-1000	300	315	331	347	365
15	NPV	658					
16							
17	**输出区域**						
18	NPV	658					
28	**工作区域**						
29							
30	折现率	3					
31	1%						
32	5%						
33	10%						
34	15%						

图 0-84

第四步，将 B8 所返回的贴现率数据引入原模型的计算过程（略）。

数字调节钮的用法与滚动条几乎一致，唯一的差别在于调节器没有滚动条，因此数字调节钮主要用于“微调”，因为它只能通过点击箭头来增加或减少数字，无法通过滚动条快速拖动。其使用步骤参照滚动条。

0.2.9.3 选项按钮

第一步，列出数据源（略）。

第二步，画出控件，并设置单元格链接等信息。选项按钮形状如图 0-85 所示，可以双击按钮，更改按钮的名称，如将“选项按钮 1”更改为“5%”。

图 0-85

选项按钮与组合框、列表框、滚动条等控件不相同，以上控件都是一个控件控制一组数据，而选项按钮一般是成组使用。一个选项按钮只能控制一个数据，因此本例需要四个选项按钮来控制贴现率的四个数据，如图 0-86 所示：

	A	B	C	D	E	F	G
1			一个计算NPV的例子				
2							
3	输入区域						
4	初始投资		1000				
5	第一年现金流		300				
6	现金流增长率		5%				
7	贴现率	◉1% ○5%	○10%	○15%			
8	投资开始时期		0				

图 0-86

用右键选择一个按钮，并选择“设置控件格式”，弹出以下对话框（见图 0-87）。将单元格链接设置为 B29。“未选择”、“已选择”是设置当前选项的状态，对结果无影响。点击确定。

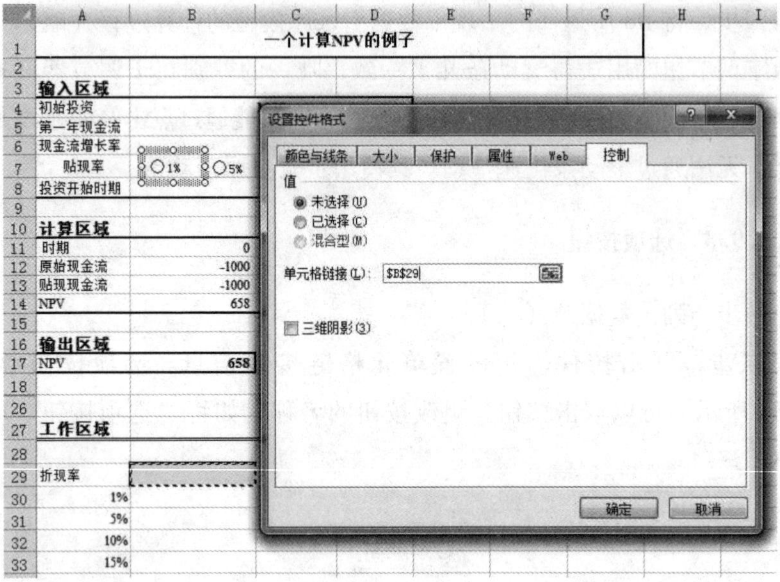

图 0-87

此时选择任何一个选项，都将在单元格 B29 中返回该选项的序号（见图 0-88）。

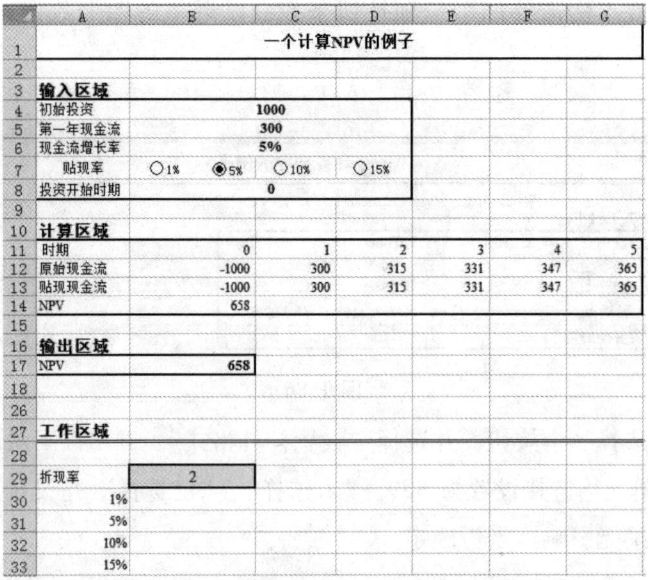

图 0-88

第三步，利用 offset 函数找出被选择选项所对应的数据，并将所找出的数据放在单元格 B31 中（见图 0-89）。

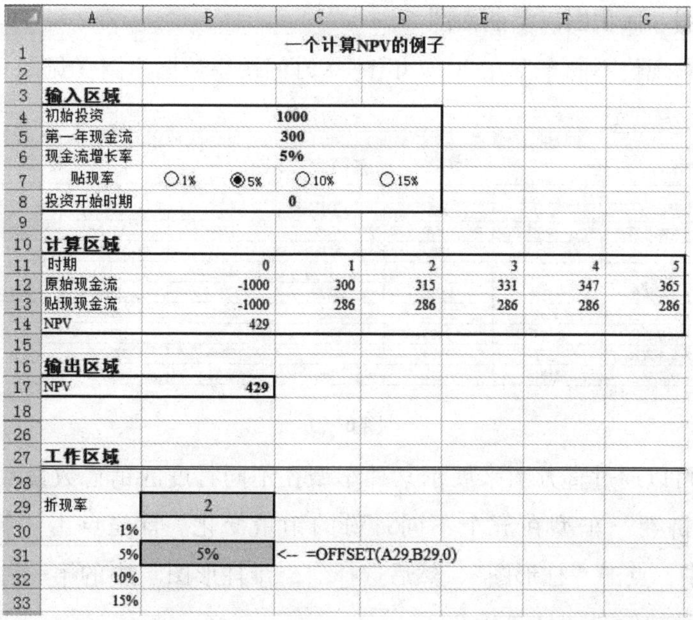

图 0-89

第四步，将 B31 中所找出的数据引入原模型的计算过程（略）。

0.2.9.4　分组框

分组框一般适合与选项按钮配合使用，特别是当同一个模型中需要使用多组选项按钮时。如果不使用分组框，一个模型中所有的选项按钮都会被默认属于一组，即我们一次只能选择其中的一个按钮。而如果用分组框对选项按钮分组后，我们就可以使用多组选项按钮。如下例（图 0-90）所示：

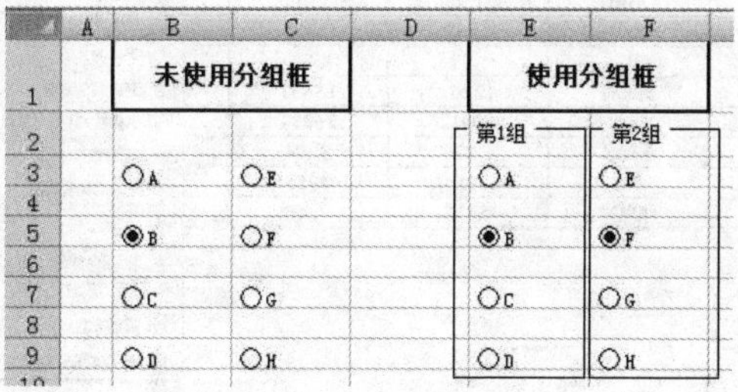

图 0-90

0.2.10　动态图表

Excel 中可以完成多种图形的制作，比如柱形图、折线图、饼图、条形图、散点图、面积图以及曲面图等。

以北京现代不同车型在2010年1—5月的销售数据为例（见图0-91）：

动态图表展示						
企业	车型	1月	2月	3月	4月	5月
北京现代	御翔	156	1355	1590	2614	2096
北京现代	i30	1857	2271	1611	1666	1388
北京现代	i35	0	0	4399	5458	5372
北京现代	伊兰特	12203	15837	12338	12580	11389
北京现代	悦动	10912	26034	21065	19849	18345
北京现代	索拉塔	2586	3784	0	0	0
北京现代	途胜	3964	4955	5040	3807	4225
北京现代	雅绅特	5418	7366	6931	6557	7986

图0-91

我们可以通过直方图来展示某种车型在不同月度的销售数量。假设我们要展示“御翔”车型在五个不同月份的销量变化。首先点击“插入”，在“图表”中，点击“柱形图”，然后选择“二维柱形图”中的第一种，也是最常见的一种柱形图（见图0-92）。

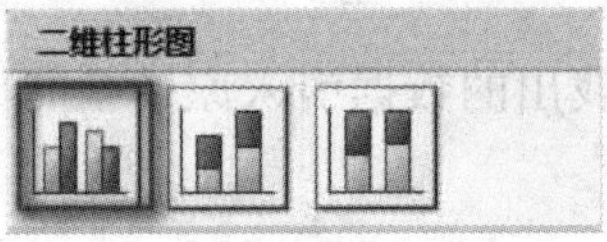

图0-92

此时，将弹出一个空白图表，在图上点右键，点击“选择数据”，如图0-93所示：

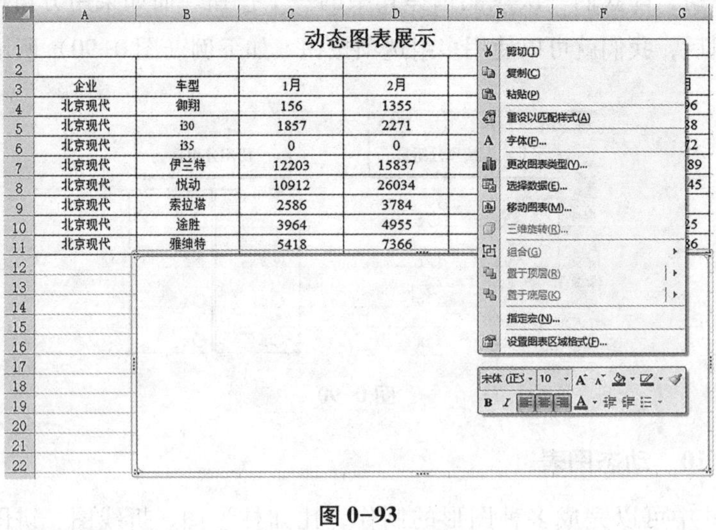

图0-93

弹出的对话框如图 0-94。点击“图例项（系列）”下的“添加”可以为图形添加纵坐标轴，即 Y 轴的信息，一个图表中可以添加多个纵轴数据。

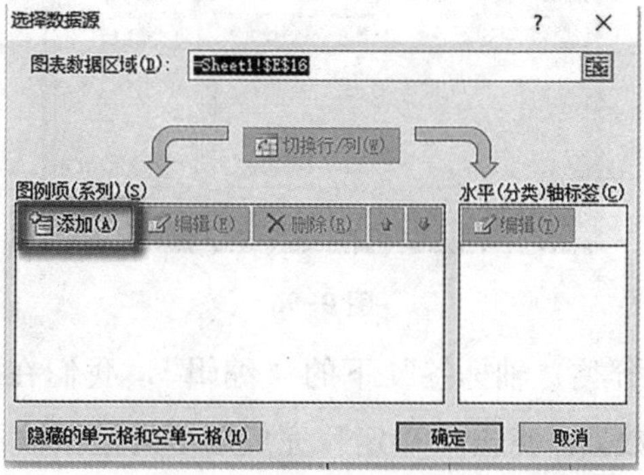

图 0-94

点击“添加”，弹出如下对话框。我们在“系列名称”中引用“御翔”所在单元格；在“系列值”处引用“御翔”车型对应的销量数据（见图 0-95）。

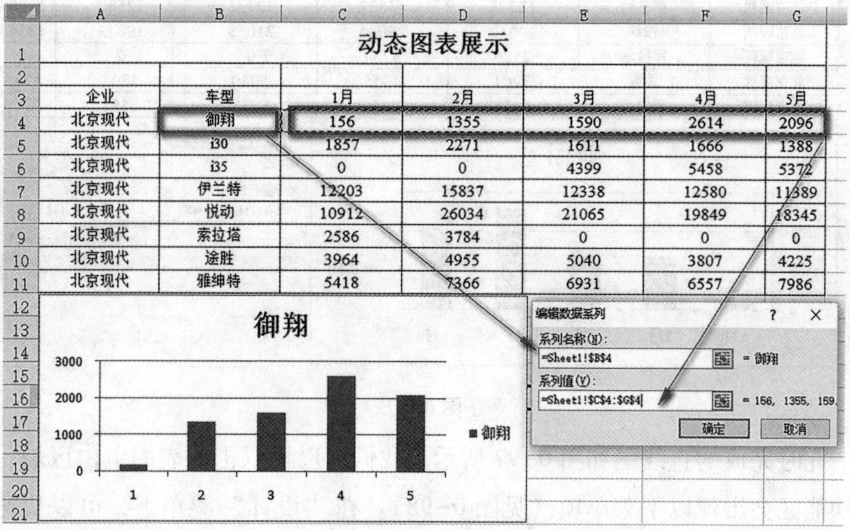

图 0-95

然后点击“确定”，对话框如图 0-96：（此时图形中横轴为默认数据，我们需将其调整为月度）

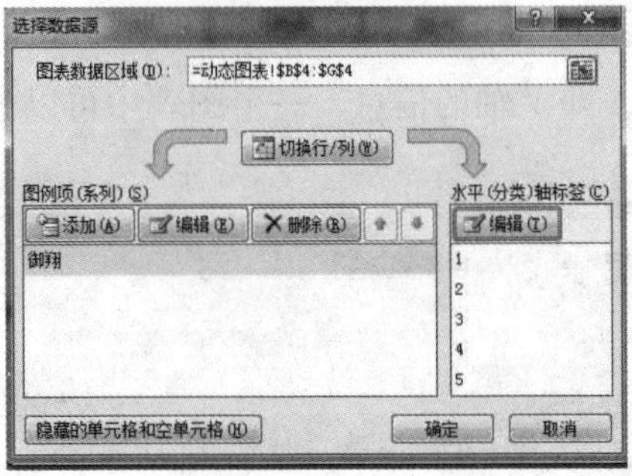

图 0-96

点击“水平（分类）轴标签”下的“编辑”，我们在弹出的对话框中输入横轴对应的月度数据。点击“确定”完成图形的数据输入。

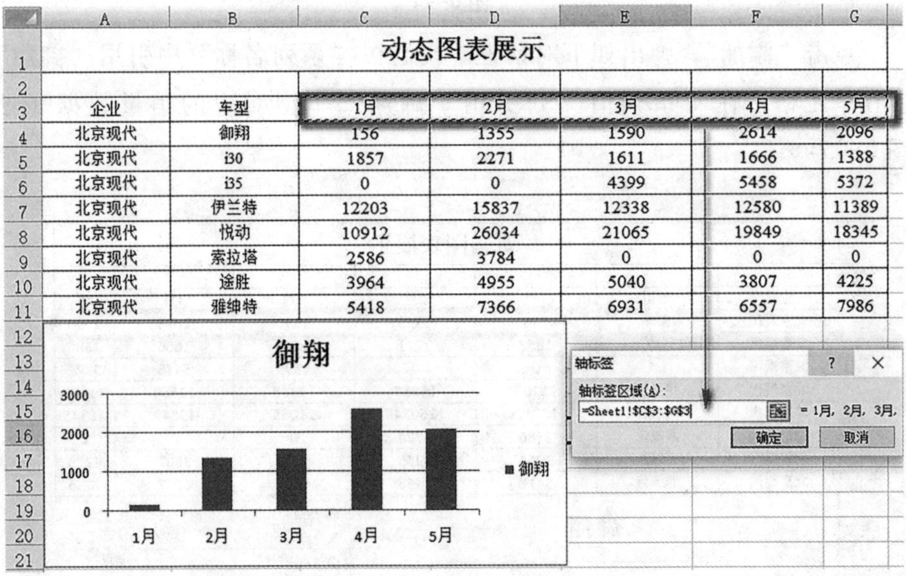

	A	B	C	D	E	F	G
1	动态图表展示						
2							
3	企业	车型	1月	2月	3月	4月	5月
4	北京现代	御翔	156	1355	1590	2614	2096
5	北京现代	i30	1857	2271	1611	1666	1388
6	北京现代	i35	0	0	4399	5458	5372
7	北京现代	伊兰特	12203	15837	12338	12580	11389
8	北京现代	悦动	10912	26034	21065	19849	18345
9	北京现代	索拉塔	2586	3784	0	0	0
10	北京现代	途胜	3964	4955	5040	3807	4225
11	北京现代	雅绅特	5418	7366	6931	6557	7986

图 0-97

此时完成的直线图如图 0-97 所示，我们可以再双击图表的空白区域，此时功能区会出现以下菜单项（见图 0-98）。在“设计”菜单下，可以快速完成更改图表类型、切换图表的行/列显示、更改图表数据、改变图表布局以及图表样式、移动图表位置等操作。在“布局”菜单下，可以在图表中插入新的图片和文本、增加或修改图表的标签、设置图表的坐标轴格式和背景区格式，以及进行一些简单分析等。在“格式”菜单下，则可以改变图形的样式，字体的样式等内容。

图 0-98

通过设置横、纵坐标标题，添加“数据标签”，以及设置绘图区格式，“御翔”车型在 1—5 月的销售数据的直方图展示如图 0-99：

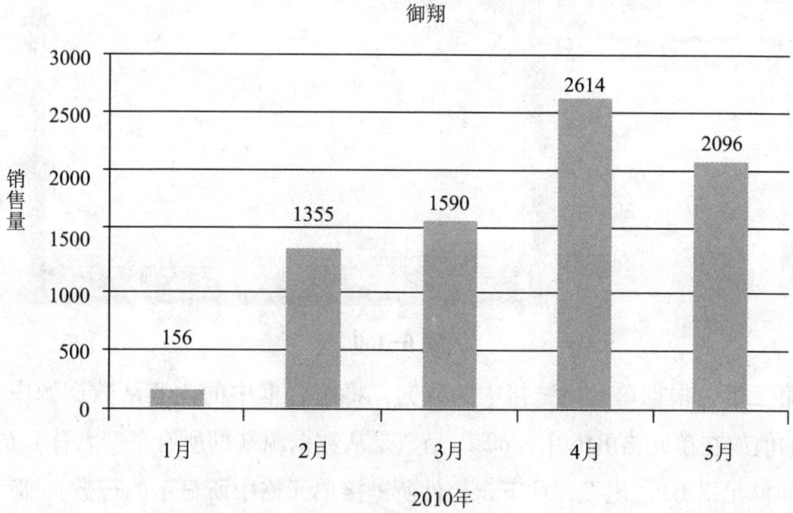

图 0-99

以上是静态图表的展示。如果将所有车型的销量数据都在同一个图形里显示，一定会显得很复杂臃肿，关键信息不容易被发现。因此，我们可以通过动态图表，以一个比较简单的方式来展示更多的信息。

动态图表其本质就是用控件来控制图表的展示，将复杂的图表简单化。下面，我们将用一个组合框控件来控制整个图形的展示，该组合框主要控制“车型”，希望达到在组合框中选择不同的车型时，图表就显示相应车型的销量数据的目的。

第一步，建立数据源。所有车型的名称及销量数据已经建立。

第二步，画出控件，并设置控件格式。我们将“单元格链接”设置为“A14”（见图 0-100）。

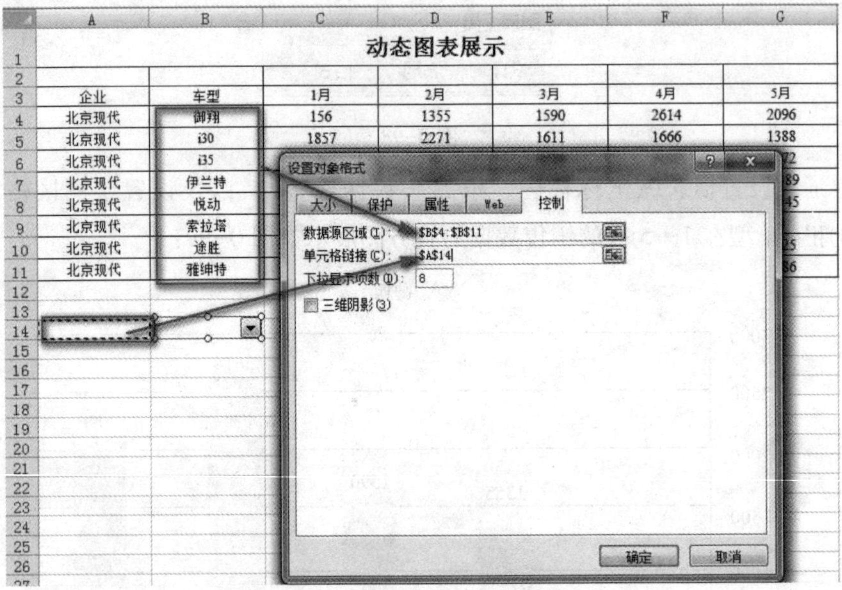

图 0-100

第三步，根据单元格链接中的数据，将组合框中的内容从数据源中找出，找出的值放在单元格 B16 中。offset 函数是从数据源（即所有车型名称）的上一行（即单元格 B3）出发，往下走控件所链接单元格中所显示的行数，即可找出控件所选择内容。如图 0-101 所示，控件选择了车型“i35”，offset 函数所找出的也是“i35”。此时，控件可控制车型名称的变化。但我们的目标是控制图表，这要求控件不仅要控制车型名称，还要控制该车型所有的销量数据。

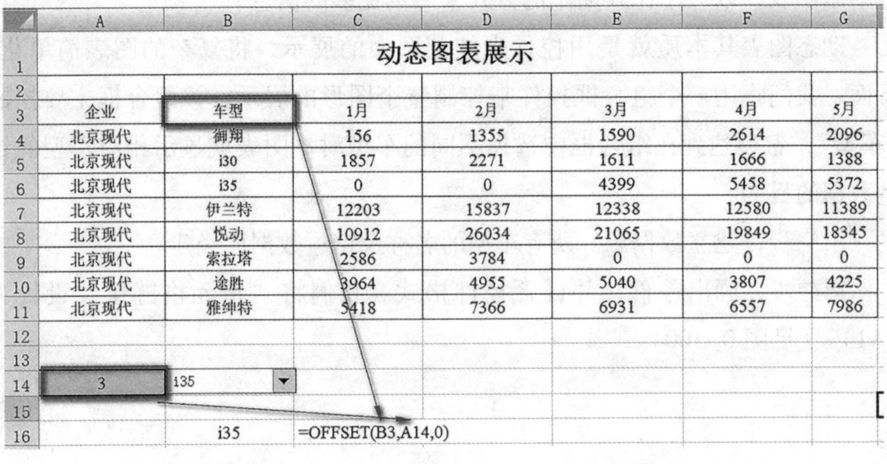

	A	B	C	D	E	F	G
1			动态图表展示				
2							
3	企业	车型	1月	2月	3月	4月	5月
4	北京现代	御翔	156	1355	1590	2614	2096
5	北京现代	i30	1857	2271	1611	1666	1388
6	北京现代	i35	0	0	4399	5458	5372
7	北京现代	伊兰特	12203	15837	12338	12580	11389
8	北京现代	悦动	10912	26034	21065	19849	18345
9	北京现代	索拉塔	2586	3784	0	0	0
10	北京现代	途胜	3964	4955	5040	3807	4225
11	北京现代	雅绅特	5418	7366	6931	6557	7986
12							
13							
14	3	i35					
15							
16		i35	=OFFSET(B3,A14,0)				

图 0-101

此时，我们继续使用 offset 函数，将控件所控制车型的销量数据也寻找出来。找出来的销量数据放在单元格 C16 至 G16 中。比如，要找出 1 月份的销量数据，我们在单元格 C16 中输入以下内容“=offset（C3，A14，0）”，即从 C3 出发，往下走 3 行（直接引用与控件链接的单元格中的数据），就找出了控件此时选择的车型，即 i35，在 1 月份的销量数据，为 0。用同样的方法可以找出其他四个月份的数据（见图 0-102）。

	A	B	C	D	E	F	G
1				动态图表展示	参照单元格		
2							
3	企业	车型	1月	2月	3月	4月	5月
4	北京现代	御翔	156	1355	1590	2614	2096
5	北京现代	i30	1857	2271	1611	1666	1388
6	北京现代	i35	0	0	4399	5458	5372
7	北京现代	伊兰特	12203	15837	12338	12580	11389
8	北京现代	悦动	10912	26034	21065	19849	18345
9	北京现代	索拉塔	2586	3784	0	0	0
10	北京现代	途胜	3964	4955	5040	3807	4225
11	北京现代	雅绅特	5418	7366	6931	6557	7986
12		往下走的行数					
13							
14	3	i35					
15							
16		i35	0	0	4399	5458	5372

图 0-102

如果我们改变控件中的车型，那么找出的销量数据也会同时发生变化。我们再将横轴的时间数据引用下来，方便作图。结果如图 0-103 所示：

	A	B	C	D	E	F	G
1				动态图表展示			
2							
3	企业	车型	1月	2月	3月	4月	5月
4	北京现代	御翔	156	1355	1590	2614	2096
5	北京现代	i30	1857	2271	1611	1666	1388
6	北京现代	i35	0	0	4399	5458	5372
7	北京现代	伊兰特	12203	15837	12338	12580	11389
8	北京现代	悦动	10912	26034	21065	19849	18345
9	北京现代	索拉塔	2586	3784	0	0	0
10	北京现代	途胜	3964	4955	5040	3807	4225
11	北京现代	雅绅特	5418	7366	6931	6557	7986
12							
13							
14	5	悦动					
15			1月	2月	3月	4月	5月
16		悦动	10912	26034	21065	19849	18345

图 0-103

参照之前讲过的静态图表制作方法，我们利用单元格 C15：G16 中的数据作图（见图 0-104）。并将组合框控件移动至图上的合适位置，此时可通过在控件中选择不同的车型来展示其销售数据。

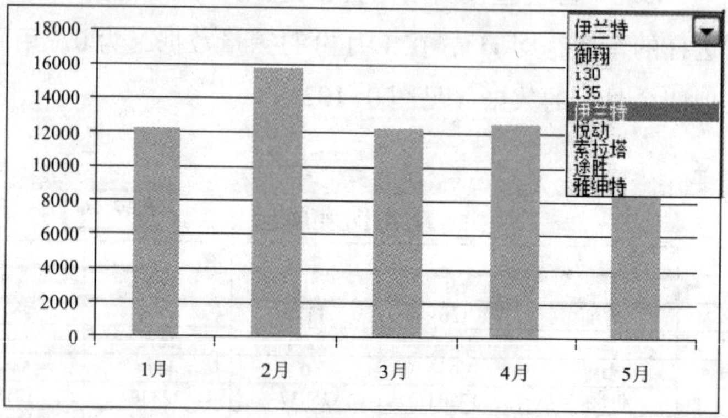

图 0-104

0.2.11 批注

如果模型中的有些变量和设计比较复杂或难以理解，我们可以在相应位置添加“批注”来进行说明。以“一个计算 NPV 的例子”为例，如果要对“投资时期”后的数据进行说明，则用右键点击单元格 B8，选择“插入批注”，可在批注中添加说明内容。添加完毕后，也可以用右键点击单元格，编辑或删除该单元格的批注。也可在功能区的“审阅”完成上述操作，以及显示本表单中的所有批注（见图 0-105）。

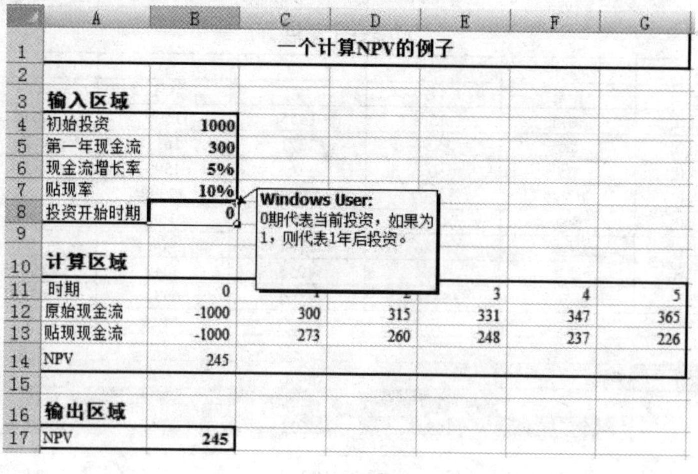

	A	B	C	D	E	F	G
1	一个计算NPV的例子						
2							
3	输入区域						
4	初始投资	1000					
5	第一年现金流	300					
6	现金流增长率	5%					
7	贴现率	10%					
8	投资开始时期	0					
9							
10	计算区域						
11	时期	0	1	2	3	4	5
12	原始现金流	-1000	300	315	331	347	365
13	贴现现金流	-1000	273	260	248	237	226
14	NPV	245					
15							
16	输出区域						
17	NPV	245					

图 0-105

0.2.12 宏的使用

宏的使用可以帮助我们进行一些重复的工作，它既可以编写，也可以录制。本书主要介绍通过录制宏来完成一些操作。

仍以“一个计算 NPV 的例子”为例，我们现在要录制一个清除所有输入条件的宏。有两种方法可以开始宏的录制。一是点击 Excel 表单左下方的宏录制标志（见图 0-106）：

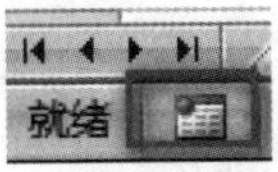

图 0-106

二是点击“开发工具”、在“代码”部分点击“录制宏”。点击后弹出的对话框如图 0-107：

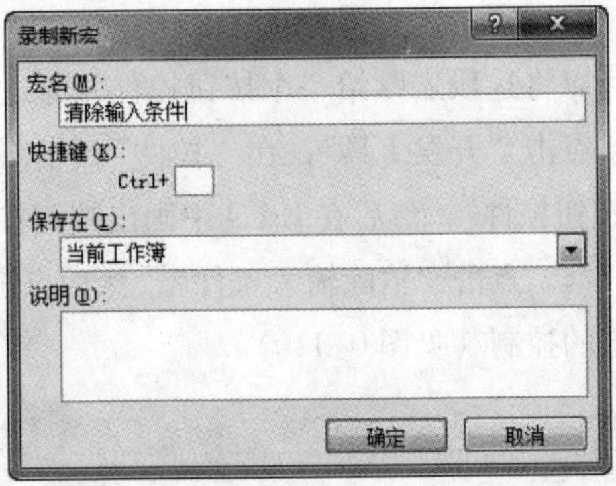

图 0-107

首先要设定“宏名”，在本例中，将其设置为“清除输入条件”。下方还可以设置快捷键来运行该宏，选择该宏的保存位置，以及对其进行说明。本例选择将其保存在当前工作簿。点击“确定”后开始宏录制。此时我们手动将输入区域的数值删除。然后点击 Excel 左下角“就绪”旁的按钮，停止宏的录制（见图 0-108）：

图 0-108

此时，如果我们点击“开发工具”，在“代码”中点击“宏”，弹出的对话框如图 0-109。此时我们可以看到刚刚录制的宏。选择该宏，并点击“执行”，就可再次运行。

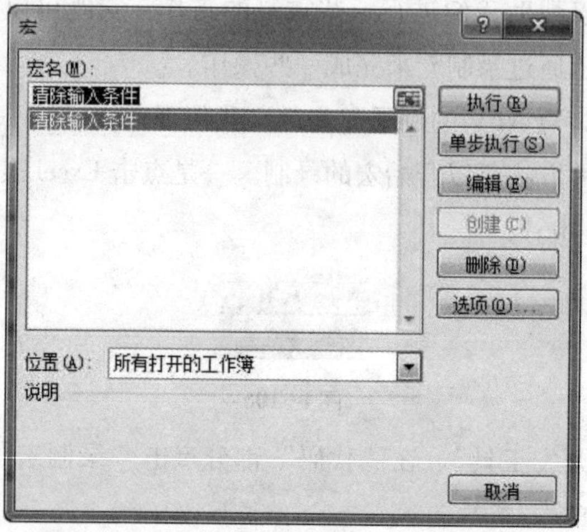

图 0-109

同时，我们也可以将这段宏赋给一个按钮控件，通过按钮来控制宏的运行。操作过程如下，点击“开发工具”，在“控件”中点击“插入”，在“表单控件”中选择“按钮控件”，然后在Excel中画出按钮控件，此时会弹出给该按钮指定宏的对话框。点击“清除输入条件”，然后点击“确定”，此时该按钮已经实现了对宏的控制（见图0-110）。

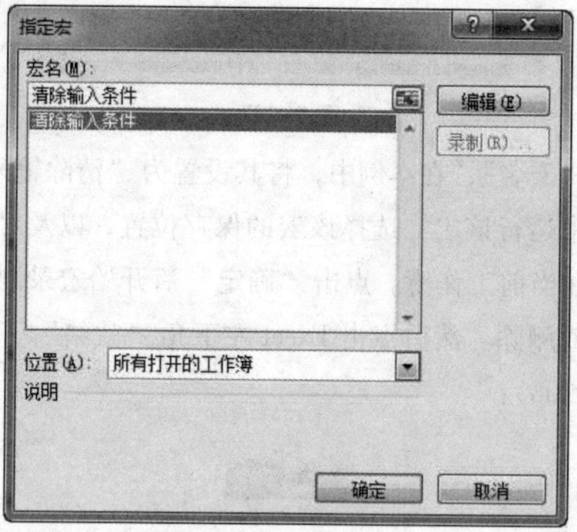

图 0-110

再将按钮上的名称更改为宏的名称，增加模型的可读性（见图0-111）。

图 0-111

此时，点击该按钮，系统就会自动清除输入区域的数值。

0.3 小结

本部分主要介绍了利用 Excel 进行财务金融建模的基础技术，包括做好 Excel 的准备以及了解一些建模的基本特征和技术，包括模型分区、数据有效性设置、模拟运算表、方案管理、单变量求解、规划求解、变量命名、常用函数（如统计函数、条件函数、引用函数和回归分析）、控件的使用、动态图表、批注和宏的使用。以上功能在以后的实验中都会用到，而且对以上功能的组合使用将帮助我们构建出简洁、高效和实用的模型。

习题

利用所学习的建模技术，如函数、控件、宏等制作一个类似于图 0-112 的购房贷款计算器（提示：里面会涉及贷款计算函数如 PMT，PPMT 和 IPMT，请参考实验一的内容）。该计算器可参考搜房网上的购房贷款计算器，本书所附 Excel 表格中包含购房贷款计算器的例子。

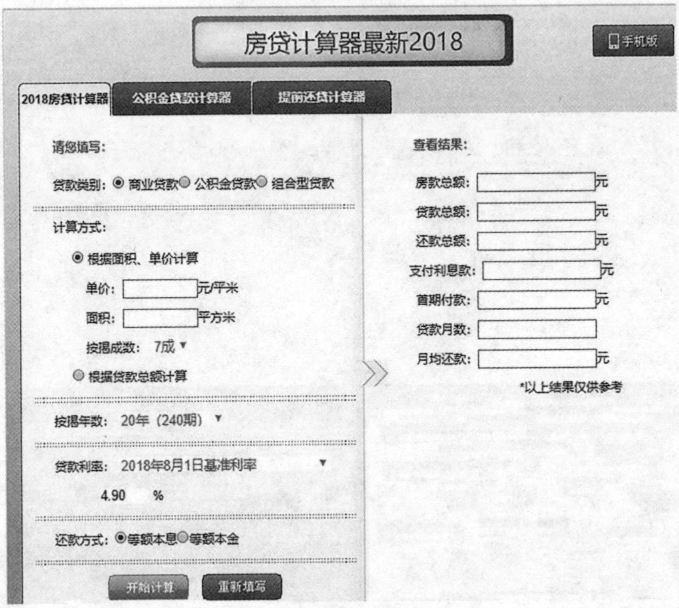

图 0-112

参考书目

[1]Alastair L. Day. 基于 Excel 的财务建模——实践者指南(第一版)[M]. 余湄,译. 北京:中国人民大学出版社,2004.

[2]Simon Benninga. 财务金融建模——用 Excel 工具(第五版)[M]. 邵建利,等,译. 上海:格致出版社,2015.

实验一

基础财务计算

1.1 实验目的

掌握现值、净现值、终值、内部收益率、贷款偿还计划、连续复利、复杂年金问题以及不规则现金流的净现值和内部收益率的计算公式及 Excel 操作方法。熟练运用相关的财务函数以及单变量求解、模拟运算表和图表等技术。

1.2 理论要点

因为本部分内容较为分散，我们将理论要点与实验过程相结合。在回顾完每一部分的理论要点后，紧接着用例子演示实验过程。

1.3 实验过程

1.3.1 现值和净现值

现值（PV）是指一组未来的现金流在今天的价值。如果用 C_1，…，C_n 来代表未来 n 期每期期末的现金流，用折现率 r 对其折现，其现值为：

$$PV = \sum_{t=1}^{n} \frac{C_t}{(1+r)^t}$$

净现值（NPV）以 r 为折现率对一组现金流 C_0，C_1，…，C_n 进行折现。其公式可表达如下：

$$NPV = \sum_{t=0}^{n} \frac{C_t}{(1+r)^t} \quad \text{或} \quad \sum_{t=1}^{n} \frac{C_t}{(1+r)^t} + C_0$$

其中，C_0 表示当前的投资成本，一般为负数。

净现值 NPV 与现值 PV 的区别在于，净现值从未来现金流的现值中剔除了当期的投资。Excel 中定义的 NPV 函数一般假定第一笔现金流发生在第一期。其语法为“NPV（r，C_1：C_n）”（即 NPV（折现率，第 1 期至第 n 期的现金流））。因此，其实际上计算的是第 1 期至第 n 期现金流的现值。如果要计算净现值，则需要用公式 NPV（r，C_1：C_n）+ C_0。

当每期现金流相等时，即 $C_1 = C_2 = \cdots = C_n = C$ 时，这一组现金流的现值既可用 PV 函数来计算，也可以用 NPV 函数来计算。PV 函数的语法为"PV（r，n，C）"，为了保证得到正的现值，要求在输入每期现金流 C 时，前面加"-"号。

假设有一个项目共有 5 期，每期产生 100 的现金流，折现率为 10%。其现值计算如图 1-1 所示：

	A	B	C	D	E
1			PV函数		
2	贴现率	10%			
3					
4	时期	现金流	贴现现金流		
5	1	100	91	<-- =B5/(1+$B$2)^A5	
6	2	100	83	<-- =B6/(1+$B$2)^A6	
7	3	100	75	<-- =B7/(1+$B$2)^A7	
8	4	100	68	<-- =B8/(1+$B$2)^A8	
9	5	100	62	<-- =B9/(1+$B$2)^A9	
10					
11	现值				
12	方法一	379	<-- =SUM(C5:C9)		
13	方法二	379	<-- =PV(B2,A9,-B9)		
14	方法三	379	<-- =NPV(B2,B5:B9)		

图 1-1

但是如果项目每期的现金流并不完全相等，此时 PV 函数不再适用，只能用 NPV 函数来计算其现值（见图 1-2）。

	A	B	C	D	E
1			NPV函数		
2	贴现率	10%			
3					
4	时期	现金流	贴现现金流		
5	1	300	273	<-- =B5/(1+$B$2)^A5	
6	2	315	260	<-- =B6/(1+$B$2)^A6	
7	3	331	249	<-- =B7/(1+$B$2)^A7	
8	4	347	237	<-- =B8/(1+$B$2)^A8	
9	5	365	227	<-- =B9/(1+$B$2)^A9	
10					
11	现值				
12	方法一	1245	<-- =SUM(C5:C9)		
13	方法二	1245	<-- =NPV(B2,B5:B9)		

图 1-2

如果项目除了1—5期有现金流产生外，在0期有1000的成本支出，那么该项目的净现值计算如图1-3所示：

	A	B	C	D	E
1			NPV函数		
2	贴现率	10%			
3					
4	时期	现金流	贴现现金流		
5	0	-1000	-1000	<-- =B5/(1+$B$2)^A5	
6	1	300	273	<-- =B6/(1+$B$2)^A6	
7	2	315	260	<-- =B7/(1+$B$2)^A7	
8	3	331	249	<-- =B8/(1+$B$2)^A8	
9	4	347	237	<-- =B9/(1+$B$2)^A9	
10	5	365	227	<-- =B10/(1+$B$2)^A10	
11					
12	**现值**				
13	方法一	245	<-- =SUM(C5:C10)		
14	方法二	245	<-- =NPV(B2,B6:B10)+C5		

图1-3

NPV函数有一个潜在的问题，即它对空白单元格和0单元格有不同的处理方式。当现金流单元格为空白时，NPV函数会跳过空白单元格，将非零的现金流单元格进行贴现。而当现金流为0时，NPV函数承认该期现金流为0。例子如图1-4所示：

	A	B	C	D	E	F	G
1				NPV函数			
2	贴现率	10%					
3	时期	0	1	2	3	4	5
4	现金流	-1000	0	0	331	347	365
5							
6	NPV	(288)	<-- =NPV(B2,C4:G4)+B4				
7							
8	时期	0	1	2	3	4	5
9	现金流	-1000			331	347	365
10							
11	NPV	(138)	<-- =NPV(B2,C9:G9)+B9				

图1-4

从上例可以看出，单元格值为0和空白单元格并不等同。因此，在使用NPV函数时，当现金流为0时，必须要输入0，不能用空格代替。

1.3.2　终值

终值（FV）是指一组未来的现金流在期末的价值。如果用C_1，…，C_n来

代表未来 n 期每期期末的现金流，每期收益率为 r，其终值为：

$$FV = \sum_{t=1}^{n} C_t (1 + r)^{n-t}$$

如果每期的现金流相等，即 $C_1 = C_2 = \cdots = C_n = C$，这一组现金流的终值可用函数 FV 来计算，其语法与 PV 函数一致（见图 1-5）。

	A	B	C	D	E
1	FV函数				
2	贴现率	10%			
3					
4	时期	现金流	单期现金流终值		
5	1	100	146	<-- =B5*(1+$B$2)^(5-A5)	
6	2	100	133	<-- =B6*(1+$B$2)^(5-A6)	
7	3	100	121	<-- =B7*(1+$B$2)^(5-A7)	
8	4	100	110	<-- =B8*(1+$B$2)^(5-A8)	
9	5	100	100	<-- =B9*(1+$B$2)^(5-A9)	
10					
11	**现值**				
12	方法一	611	<-- =SUM(C5:C9)		
13	方法二	611	<-- =FV(B2,A9,-100)		

图 1-5

1.3.3 内部收益率

1.3.3.1 单个内部收益率

内部收益率是指一组现金流 C_0，C_1，…，C_n 在 NPV=0 时对应的折现率：

$$NPV = \sum_{t=0}^{n} \frac{C_t}{(1 + r)^t} = 0$$

IRR 函数的语法为“IRR（C_0：C_n，guess）”，第一个参数为所有的现金流，第二个参数为 IRR 算法的起点，可以缺省，在现金流有多个 IRR 时必须输入（见图 1-6）。

	A	B	C	D	E	F	G
1	IRR函数						
2	时期	0	1	2	3	4	5
3	现金流	-1000	300	315	331	347	365
4							
5	IRR	19%	<-- =IRR(B3:G3)				
6		19%	<-- =IRR(B3:G3,0)				

图 1-6

除了使用IRR函数可以直接计算出一组现金流的内部收益率外，还可以通过“单变量求解”来计算。如下例所示，先初设一个折现率，比如10%，根据已知的现金流和折现率，求解出项目的NPV。最后，利用单变量求解，来反解NPV=0时的折现率（见图1-7）。

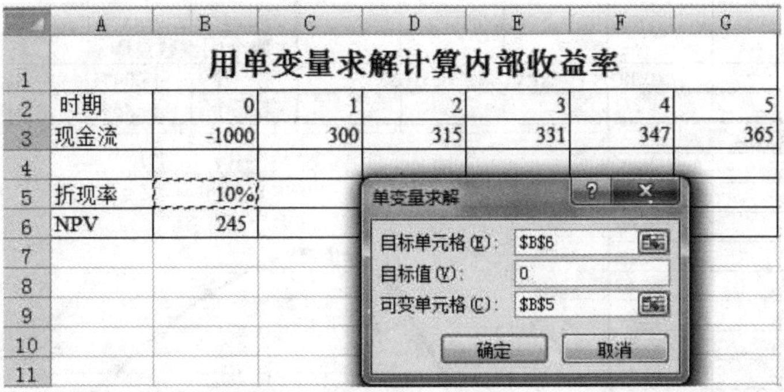

图1-7

点击“确定”后，结果如图1-8：

	A	B	C	D	E	F	G
1	用单变量求解计算内部收益率						
2	时期	0	1	2	3	4	5
3	现金流	-1000	300	315	331	347	365
4							
5	折现率	19%					
6	NPV	0					

图1-8

1.3.3.2　多个内部收益率

当一组现金流的符号发生两次或两次以上变化时，可能存在多个内部收益率，如下例（图1-9）所示。首先我们先初设一个折现率，比如5%，根据已知现金流和折现率计算出NPV。其次，利用模拟运算表计算出当折现率发生变化时NPV的变化情况。再次，将模拟运算表中的数据画成折线图，从图中可以看出当折现率从0%增加至60%，NPV呈现出先上升后下降的趋势，并与横轴有两个交点，该交点就意味着NPV=0。由此可知，本例中的现金流有两个内部收益率，第一个在6%附近，第二个在45%附近，这将为我们利用IRR函数求解内部收益率提供参考值。因此，在求解第一个IRR时，我们将“guess”设置为6%，而在求解第二个IRR时，将“guess”设置为45%。求解出来，两个内部收益率分别为 5.04%和 40.26%。

	A	B	C	D	E	F	G	H	I
1	两个内部收益率								
2	时期	0	1	2	3	4	5		
3	现金流	-150	100	120	130	150	-370		
4									
5	折现率	5%				两个内部收益率			
6	NPV	(0.12)	<-- =NPV(B5,C3:G3)+B3			第一个	5.04%	<-- =IRR(B3:G3,6%)	
7						第二个	40.26%	<-- =IRR(B3:G3,45%)	
8	模拟运算表								
9	折现率	NPV							
10		(0.12)							
11	0%	-20.00							
12	5%	-0.12							
13	10%	10.46							
14	15%	14.98							
15	20%	15.54							
16	25%	13.56							
17	30%	9.97							
18	35%	5.40							
19	40%	0.28							
20	45%	-5.11							
21	50%	-10.58							
22	55%	-15.99							
23	60%	-21.28							

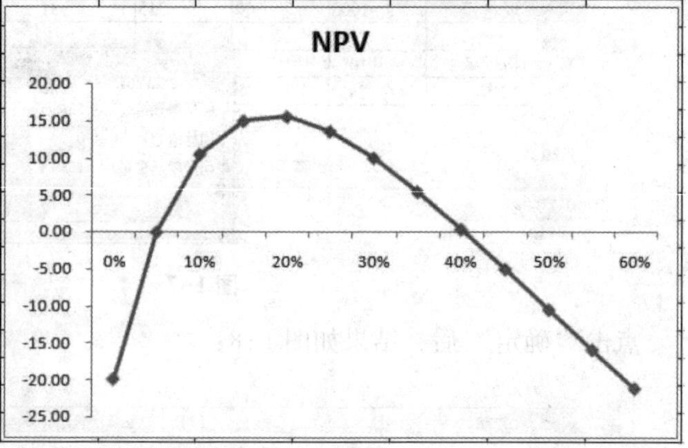

图 1-9

1.3.4 贷款偿还计划

1.3.4.1 等额本息偿还计划

假设公司 A 从银行获得一笔总额为 10 万的贷款，年利率为 7%，贷款期限为 10 年，问月还款额度为多少？因为已知的是贷款年限和年贷款利率，而要计算的是月还款额，所以首先要将期限匹配，计算出月贷款期限和月贷款利率。然后，利用 PMT 函数可计算出每期还款额度，其语法为“pmt（每期利率，总期数，总贷款额）”，为了保证得到正的每期还款额，需在参数“总贷款额”加负号（注：这个问题也存在于 PV、FV、Nper，Rate，Ipmt，Ppmt 函数中），具体见图 1-10。

	A	B	C	D
1	等额本息还款			
2				
3	贷款金额	100000		
4	贷款利率（年）	7%		
5	贷款期限（年）	1		
6	贷款利率（月）	0.583%	<-- =B4/12	
7	贷款期限（月）	12	<-- =B5*12	
8				
9	**月还款额**	**8653**	<-- =PMT(B6,B7,-B3)	

图 1-10

贷款表信息如图 1-11 所示，总计 12 期，第 1 期期初欠银行本金 100000，每期的还款额度由函数 PMT 算出，每期偿还利息和偿还本金分别由函数 IPMT 和 PPMT 计算。二者的语法相似，以 IPMT 为例，其语法为“IPMT（每期利率，当前期数，总期数，总贷款额）”。从第 2 期开始，每期期初本金都等于“上期期初本金-上期偿还本金”。

	A	B	C	D	E
1	等额本息还款				
11	贷款表				
12	期数	期初本金	每期还款额度	每期偿还利息	每期偿还本金
13	1	100000	8653	583	8069
14	2	91931	8653	536	8116
15	3	83814	8653	489	8164
16	4	75650	8653	441	8211
17	5	67439	8653	393	8259
18	6	59180	8653	345	8307
19	7	50872	8653	297	8356
20	8	42516	8653	248	8405
21	9	34112	8653	199	8454
22	10	25658	8653	150	8503
23	11	17155	8653	100	8553
24	12	8602	8653	50	8602
25		<-- =B23-E23	<-- =PMT($B$6,$B$7,-$B$3)		
26				<-- =IPMT($B$6,A24,$B$7,-$B$3)	
27					<-- =PPMT($B$6,A24,$B$7,-$B$3)

图 1-11

除了用函数 IPMT 和 PPMT 可以计算每期偿还利息和本金外，还可以用公式来算，如图 1-12 所示：（每期偿还利息=当期期初本金 * 每期利率（月），每期偿还本金=每期还款额度-每期偿还利息）

	A	B	C	D	E
1	等额本息还款				
29	贷款表				
30	期数	期初本金	每期还款额度	每期偿还利息	每期偿还本金
31	1	100000	8653	583	8069
32	2	91931	8653	536	8116
33	3	83814	8653	489	8164
34	4	75650	8653	441	8211
35	5	67439	8653	393	8259
36	6	59180	8653	345	8307
37	7	50872	8653	297	8356
38	8	42516	8653	248	8405
39	9	34112	8653	199	8454
40	10	25658	8653	150	8503
41	11	17155	8653	100	8553
42	12	8602	8653	50	8602
43		<-- =B41-E41	<-- =PMT($B$6,$B$7,-$B$3)		
44				<-- =B42*$B$6	
45					<-- =C42-D42

图 1-12

1.3.4.2　等额本金偿还计划

等额本金偿还要求每期偿还的本金金额一致，但由于每期偿还的利息不同，因此每期偿还总额会有差异。下面仍以贷款 10 万，利率 7%，期限 1 年为例，来说明等额本金偿还计划下，每期的偿还金额如何计算。首先计算每期偿还本金，等于贷款金额/贷款期限（月），然后计算每期偿还利息，等于期初本金 * 贷款利率（月），每期还款额度 = 每期偿还利息 + 每期偿还本金，第 2 期开始的期初本金 = 上期期初本金 − 上期偿还本金（见图 1-13）。

	A	B	C	D	E
1	等额本金还款				
2					
3	贷款金额	100000			
4	贷款利率（年）	7%			
5	贷款期限（年）	1			
6	贷款利率（月）	0.583%	<-- =B4/12		
7	贷款期限（月）	12	<-- =B5*12		
8	贷款表				
9	期数	期初本金	每期还款额度	每期偿还利息	每期偿还本金
10	1	100000	8917	583	8333
11	2	91667	8868	535	8333
12	3	83333	8819	486	8333
13	4	75000	8771	438	8333
14	5	66667	8722	389	8333
15	6	58333	8674	340	8333
16	7	50000	8625	292	8333
17	8	41667	8576	243	8333
18	9	33333	8528	194	8333
19	10	25000	8479	146	8333
20	11	16667	8431	97	8333
21	12	8333	8382	49	8333
22	13	0			
23		<-- =B20-E20	<-- =D21+E21		
24				<-- =B21*$B$6	
25					<-- =$B$3/$B$7

图 1-13

1.3.5　连续复利

当年计息次数不等于 1 时，名义利率和实际利率有明显差别。假设名义利率为 r，实际利率为 i，年计息次数为 m，有以下关系：

$$i = \left(1 + \frac{r}{m}\right)^{m} - 1$$

如果期数趋向于无限大，即 $m \to \infty$ ，也就是说复利间隔很短，可以看做无穷小量，这种计息方式则称之为连续复利。连续复利下 $\left(1 + \frac{r}{m}\right)^{m}$ 的近似值为 e^{r}，e=2.71828。名义年利率为 r 下，本金为 PV 的资金，连续复利 t 年的终值为：

$$FV = PV * e^{rt}$$

假设期初本金为 10000 元，年名义利率为 7%，从下例可以发现，当年计息次数从 1 次增加至 1000 次时，1 年后期末存款会逐渐趋近于 $10000 * e^{7\%}$ ，即 10725.082，具体见图 1-14。

	A	B	C	D	E
1	连续复利				
2					
3	期初存款	10000			
4	名义利率r	7%			
5	年计息次数m	2			
6	每期利率r/m	0.035	<-- =B4/B5		
7	实际利率i	7.12%	<-- =(1+B6)^B5-1		
8	期末存款（本息和）	10712	<-- =B3*(1+B7)		

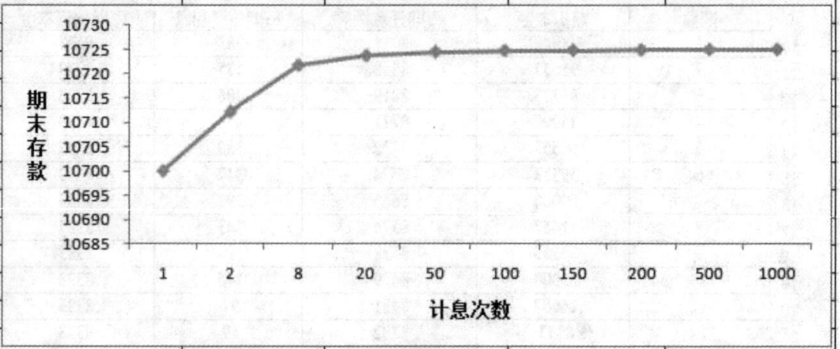

	A	B	C	D	E
22		年计息次数	期末存款		
23			10712.2500		
24		1	10700.0000		
25		2	10712.2500		
26		8	10721.8168		
27		20	10723.7711		
28		50	10724.5568		
29		100	10724.8192		
30		150	10724.9067		
31		200	10724.9505		
32		500	10725.0293		
33		1000	10725.0555		

图 1-14

1.3.6 复杂年金问题

假设有一个如下的退休问题：杰森 5 年后退休，为了保证退休后的生活，现在需进行一个储蓄计划。即从下一年开始存款，每年存等额资金，假设退休后，杰森预期能活 10 年，他希望每年从账户中取出 30000。该账户每年的收益率为 6%。问每年需存多少钱？

我们可以建立图 1-15 所示的存款表模型。因为存款是从下一年开始，即现金流发生在每一期的期末，当期存入的钱在当年并不产生利息。

	A	B	C	D	E
1	复杂年金问题				
2					
3	收益率	6%			
4	每年存款金额	1000			
5	退休后每年提取金额	30000			
6					
7	年	账户期初金额	每年的现金流	每年获得的利息	账户期末余额
8	1	0	1000	0	1000
9	2	1000	1000	60	2060
10	3	2060	1000	124	3184
11	4	3184	1000	191	4375
12	5	4375	1000	262	5637
13	6	5637	-30000	338	-24025
14	7	-24025	-30000	-1441	-55466
15	8	-55466	-30000	-3328	-88794
16	9	-88794	-30000	-5328	-124122
17	10	-124122	-30000	-7447	-161569
18	11	-161569	-30000	-9694	-201263
19	12	-201263	-30000	-12076	-243339
20	13	-243339	-30000	-14600	-287939
21	14	-287939	-30000	-17276	-335216
22	15	-335216	-30000	-20113	-385329

图 1-15

再通过单变量求解，使“账户期末余额”等于 0，来反解“每年存款金额”（见图 1-16）。

	A	B	C	D	E
1	复杂年金问题				
2					
3	收益率	6%			
4	每年存款金额	1000			
5	退休后每年提取金额	30000			
6					
7	年	账户期初金额	每年		户期末余额
8	1	0			1000
9	2	1000			2060
10	3	2060			3184
11	4	3184	1000	191	4375
12	5	4375	1000	262	5637
13	6	5637	-30000	338	-24025
14	7	-24025	-30000	-1441	-55466
15	8	-55466	-30000	-3328	-88794
16	9	-88794	-30000	-5328	-124122
17	10	-124122	-30000	-7447	-161569
18	11	-161569	-30000	-9694	-201263
19	12	-201263	-30000	-12076	-243339
20	13	-243339	-30000	-14600	-287939
21	14	-287939	-30000	-17276	-335216
22	15	-335216	-30000	-20113	-385329

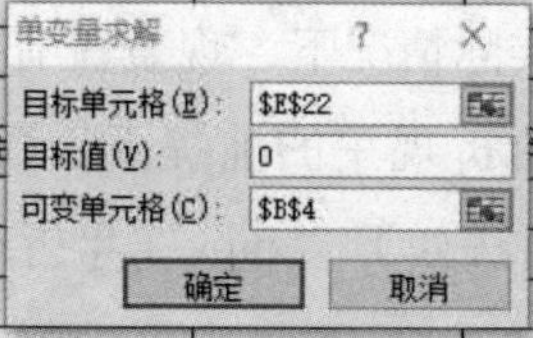

图 1-16

点击“确定”后，得到以下结果（见图 1-17），可以发现，前面五年需每年存 39170 元，才能保证后面 10 年，每年提取 30000 元，此时期末账户余额为 0。

	A	B	C	D	E
1	复杂年金问题				
2					
3	收益率	6%			
4	每年存款金额	39170			
5	退休后每年提取金额	30000			
6					
7	年	账户期初金额	每年的现金流	每年获得的利息	账户期末余额
8	1	0	39170	0	39170
9	2	39170	39170	2350	80689
10	3	80689	39170	4841	124700
11	4	124700	39170	7482	171352
12	5	171352	39170	10281	220803
13	6	220803	-30000	13248	204051
14	7	204051	-30000	12243	186294
15	8	186294	-30000	11178	167471
16	9	167471	-30000	10048	147520
17	10	147520	-30000	8851	126371
18	11	126371	-30000	7582	103953
19	12	103953	-30000	6237	80190
20	13	80190	-30000	4811	55002
21	14	55002	-30000	3300	28302
22	15	28302	-30000	1698	0

图 1-17

1.3.7 不规则现金流的净现值和内部收益率

在之前的计算中，我们都假设现金流等间隔发生，比如一年一次，半年一次等。但在实际情况下，现金流有时会非等间隔发生，如下例（图 1-18）所示。在已知年折现率的前提下，我们可以用 XNPV 函数来计算其净现值。XNPV 函数的语法如下“xnpv（年折现率，所有现金流，所有日期）”。

	A	B	C	D
1	XNPV函数			
2				
3	折现率（年）	10%		
4				
5	日期	现金流		
6	2001-1-1	-500		
7	2001-5-4	200		
8	2001-6-15	300		
9	2001-10-7	500		
10	2002-3-23	200		
11				
12	净现值	624	<-- =XNPV(B3,B6:B10,A6:A10)	

图 1-18

如果要求解该组现金流的内部收益率，可以通过 XIRR 函数来计算（见图 1-19）。

	A	B	C	D
1	XIRR函数			
2				
3	日期	现金流		
4	2001/1/1	-1000		
5	2001/5/4	200		
6	2001/6/15	300		
7	2001/10/7	500		
8	2002/3/23	200		
9				
10	**内部收益率**	**31%**	**<-- =XIRR(B4:B8,A4:A8)**	

图 1-19

1.4　小结

本实验回顾了现值、净现值、终值、内部收益率、贷款偿还计划、连续复利、复杂年金等问题的计算公式，并介绍了以上内容的 Excel 操作方法。

习题

1. 如果一项资产的价格是 600 美元，该资产能在未来 10 年的每年年底提供 100 美元的现金流量。

（1）如果该资产的折现率为 8%，你应该购买它吗?

（2）资产的 IRR 是多少?

2. 有一项投资，条件如下：

（1）该投资的成本是 1000 美元。

（2）在第 1 年年底，该投资偿付总数 X；在以后的 11 年偿付额每年以 10%增长。

如果你的折现率是 15%，计算使你愿意购买该资产的最小 X。

3. 如表 1-1 所示，下列现金流量有两个 IRR，使用 Excel 画出作为折现率的函数的现金流量的 NPV 图，然后使用 IRR 函数识别两个 IRR。假如机会成本为 20%，你会投资这个项目吗?

表 1-1

年	现金流
0	-500
1	600
2	300
3	300
4	200
5	-1000

4. 计算每年等额还款额，要求在第五年还清 10000 元的贷款，利率是 13%。

5. 你想从当地汽车交易商买进一辆汽车。交易商提供两种付款方式供你选择：

(1) 你可以付 30000 元现款。

(2) 分期付款：首付 5000 元，在接下来的 30 个月，每个月末支付 1050 元。

作为对交易商筹资的另一个替代方案，当地有一家银行愿意以每月 1.25%利率贷给你 25000 元用于购买汽车。

(1) 假定该 1.25%是机会成本，计算交易商分期付款计划所有还款的现值。

(2) 交易商收取的实际利率是多少？

6. 你正在考虑一个储蓄计划，要求在以后 5 年的每年末存入 15000 元，如果该计划的利率为 10%每年，你在第 5 年年末的储蓄额是多少？

参考书目

[1] Simon Benninga. 财务金融建模——用 Excel 工具(第五版)[M]. 邵建利,等,译. 上海:格致出版社,2015.

[2] 曾庆芬. 公司金融[M]. 北京:中国经济出版社,2014.

[3] Stephen A. Ross, Randolph W. Westerfield, Jeffrey F. Jaffe. 公司理财[M]. 吴民农,沈艺峰,王志强,等,译. 北京:机械工业出版社,2009.

实验二

自动生成现金流量表

2.1 实验目的

在已知资产负债表和损益表的前提下，通过间接法制作出现金流量表，包括会计现金流量表和财务现金流量表（即自由现金流）。

2.2 理论要点

资产负债表是反映企业在某一特定日期资产负债及权益状况的财务报表，是一张静态报表。该表分为左右两部分，左边列示企业的“资产”项目，右边则列示企业的“负债”和“所有者权益”项目。编制该表的原则是：资产=负债+所有者权益，即左右两边要平衡。

利润表，也称为损益表，是反映企业在一定会计期间的经营成果的会计报表，是一张动态报表。它不同于资产负债表，该表中的数据是时期数据，即相对应会计期间内的增量或流量数据，而非时点数据或存量数据。利润的会计定义为：收入-费用=利润。利润表有一步式和分步式两种编制方法。其中一步式是指根据利润的定义，分别将当期的所有收入和所有费用一一列示，一步计算出企业的利润。而分步式则是通过对当期的收入、费用、支出项目按性质加以归类，按利润形成的主要环节列示一些中间性利润指标，分步计算当期净损益。利润表分为几个部分，一是经营活动部分，报告企业主营业务的收入和费用。息税前利润（EBIT）是反映经营活动成果的一个重要利润指标，是指扣除所得税和融资费用之前的利润。二是非经营活动部分，主要列示企业的融资费用，比如财务费用，以及企业的利息收入。三是税收部分，主要报告税务部门对利润课征的所得税。四是净利润及其分配结构。净利润一般有两种分配方式，一是作为企业留存收益，二是作为股利发放给股东。

现金流量表包括会计现金流和财务现金流两种。

（1）会计现金流量表制作

会计现金流量表包含三大部分：经营活动产生的现金流量、投资活动产生的现金流量和筹资活动产生的现金流量。把所有的现金净流量加总起来，就可以得到公司资产负债表中现金项目的变动额。

①经营活动产生的现金流量。经营活动是指企业投资活动和筹资活动以外的所有交易和事项。不同行业的企业由于经营内容不同，对经营活动的界定范围也有所差异。对于经营活动产生的现金流可以通过直接法和间接法两种方法来编制。其中，直接法是以企业的营业收入为起算点，在此基础上调整与经营活动有关的项目的增减，具体为加上有关项目的现金流入，减去有关项目的现金流出，最后得到来自企业经营活动的现金流量。而间接法则是以企业的净利润为起算点，调整不涉及现金的收入、费用、营业外收支，以及相关净营运资产的增加，比如折旧、摊销等项目。

②投资活动产生的现金流量。投资活动是指企业购置长期资产，如固定资产、无形资产及其他长期资产等，以及不包含在现金等价物范围内的投资及处理活动，如固定资产出售等。具体而言，投资活动产生的现金流量包括投资回收的现金、投资收益获取的现金、处置长期资产收到的现金，并减去购置长期资产支付的现金。

③筹资活动产生现金流量。筹资活动是指企业调整其债务及权益引起的现金流变化，如企业发行新债券或股票，或偿还已有债务或回购股票，支付股利等。注意，利息支出在会计现金流量表中并不算入筹资活动，而是计入经营活动，这与财务现金流不同。

（2）财务现金流量表制作

财务现金流量，又被称为自由现金流，不同于会计现金流量。会计现金流是站在企业的角度，考察以其为中心的现金流入和流出。而财务现金流是站在投资者的角度，以股东和债权人为中心考察流向他们的净现金流量。有两种方式可以计算企业的财务现金流，一是计算企业中可以分配给债权人和股东的现金流，被称为“来自资产的现金流量（CF（A））”，二是从投资者角度，计算他们获得的现金流量，分别被称为“流向债权人的现金流量（CF（B））”和“流向股东的现金流量（CF（S））”。

来自资产的现金流量（CF（A））= 经营现金流量（OCF）-净资本性支出（CAPEX）-净营运资本变动（ΔNWC）。

来自资产的现金流量是指企业的经营活动所获取的现金流，在安排完企业发展的必要支出后，如固定资产投资和净营运资本投资后，可以自由的用于支付给债权人和股东的剩余部分，反映了企业创造现金流的能力，也因此被称为“自由现金流（FCF）”。在上述公式中，相关变量的计算公式如下：

OCF＝息税前利润 EBIT+折旧及待摊费用-税

CAPEX＝期末固资净值-（期初固资净值-本期折旧）

＝期末固定资产原值-期初固定资产原值

ΔNWC＝期末净营运资本-期初净营运资本

净营运资本＝流动资产-流动负债

此外，来自资产的现金流也必将等于分配给债权人和股东的现金流。因此有 CF（A）＝CF（B）+CF（S），即：

来自资产的现金流量＝流向债权人的现金流量+流向股东的现金流量

其中，流向债权人的现金流包括：企业支付的利息+偿还的债务-借入新的债务等；流向股东的现金流包括：股利分配-股份发行+股票回购。

2.3　实验过程

假设企业 A 的资产负债表和损益表如图 2-1 和图 2-2 所示：

	A	B	C	D	E	F	G	H
1				资产负债表				
2	编号	资产	2014	2013	编号	负债与所有者权益	2014	2013
3	B1	流动资产：			B14	流动负债		
4	B2	现金及其等价物	140	107	B15	应付账款	213	197
5	B3	应收账款	294	270	B16	应付票据	50	53
6	B4	存货	269	280	B17	应计费用	223	205
7	B5	其他	58	50	B18	流动负债合计	486	455
8	B6	流动资产合计	761	707				
9					B19	长期负债：		
10	B7	固定资产：			B20	递延税款	117	104
11	B8	财产、厂房、及设备	1423	1274	B21	长期债务	471	458
12	B9	减：累计折旧	-550	-460	B22	长期负债合计	588	562
13	B10	财产厂房及设备净值	873	814				
14	B11	无形资产及其他资产	245	221	B23	所有者权益：		
15	B12	固定资产合计	1118	1035	B24	优先股	39	39
16					B25	普通股（面值为1元）	55	32
17					B26	股本溢价	347	327
18					B27	累计留存收益	390	347
19					B28	减：库藏股票	-26	-20
20					B29	所有者权益合计	805	725
21	B13	资产总计	1879	1742	B30	负债与权益合计	1879	1742

图 2-1

	A	B	C
1		**损益表**	
2	编号	条目	**2014**
3	P1	销售收入	2262
4	P2	产品销售成本	-1655
5	P3	销售、一般费用及管理费用	-327
6	P4	折旧	-90
7	P5	**营业利润**	190
8	P6	其他利润	29
9	P7	**息前税前利润（EBIT）**	219
10	P8	利息费用	-49
11	P9	**税前利润**	170
12	P10	所得税	-84
13	P11	当期：	-71
14	P12	递延：	-13
15	P13	**净利润**	86
16	P14	留存收益：	43
17	P15	股利：	43

图 2-2

根据已知的资产负债表和损益表，制作出会计现金流量表如图 2-3 所示。本例中使用间接法来计算经营活动产生的现金流。其基本逻辑在于，资产项的增加代表了现金流的流出，负债和权益项的增加代表现金流的流入。有两个条目比较特殊，一是资产负债表中的“递延所得税”，该项的变化并没有现金流从外部流入或流出企业；二是“累计留存收益”，该项的变化取决于利润表的留存收益，所以已反映在“净利润”中，被计入经营活动的现金流，并不带来额外的现金流。

其中，“公式注释”栏里解释了相应条目的计算方法。“表单名称！+单元格”是指引用“表单名称”中的“单元格”。比如“损益表！C15”是指“净利润”的数据“86”引用自“损益表”表单中的单元格“C15”中的数据。从下表可以看出，会计现金流量表的数据大多是引用自损益表和资产负债表计算而成。

	A	B	C	D
1		（会计）现金流量表		
2	编号	条目	2014	公式注释
3	CF1	**经营活动**		
4	CF2	净利润	86	损益表!C15
5	CF3	加：折旧	90	损益表!C6
6	CF4	递延税款贷项（减：借项）	13	损益表!C14
7	CF5	**资产及负债的变动**		
8	CF6	减去：流动资产（除现金外）的变化		
9	CF7	应收账款（减：变化）	-24	-（资产负债表!C5-资产负债表!D5）
10	CF8	存货（减：变化）	11	-（资产负债表!C6-资产负债表!D6）
11	CF9	其他（减：变化）	-8	-（资产负债表!C7-资产负债表!D7）
12	CF10	加上：流动负债的变化		
13	CF11	应付账款的增加（加：变化）	16	资产负债表!G4-资产负债表!H4
14	CF12	应付票据的变动（加：变化）	-3	资产负债表!G5-资产负债表!H5
15	CF13	应计费用（加：变化）	18	资产负债表!G6-资产负债表!H6
16	CF14	**经营活动产生的现金流量合计**	199	SUM(C4：C15)
17	CF15	**投资活动**		
18	CF16	固定资产的变动		
19	CF17	有形固定资产（减：变化）	-149	-(资产负债表!C11-资产负债表!D11)
20	CF18	无形固定资产（减：变化）	-24	-(资产负债表!C14-资产负债表!D14)
21	CF19	**投资活动产生现金流量合计**	-173	C19+C20
22	CF20	**筹资活动**		
23	CF21	长期债务（加：变化）	13	资产负债表!G11-资产负债表!H11
24	CF22	支付股利（减）	-43	损益表!C17
25	CF23	股票回购（减：变化）	-6	资产负债表!G19-资产负债表!H19
26	CF24	股票发行（加：变化）	43	资产负债表!G15+资产负债表!G16+资产负债表!G17-(资产负债表!H15+资产负债表!H16+资产负债表!H17)
27	CF25	**筹资活动产生的现金流量合计**	7	SUM(C23：C26)
28	CF26	现金流量变动额	33	C16+C21+C27

图 2-3

根据以上信息，我们可以计算出企业的财务现金流量表如图 2-4 所示：

	A	B	C	D
1		**（财务）现金流量表/自由现金流量**		
2	编号	**条目**	**2014**	公式注释
3	FCF1	**企业现金流量**		
4	FCF2	**经营性现金流量**		
5	FCF3	息税前利润	219	损益表!C9
6	FCF4	折旧	90	损益表!C6
7	FCF5	当期 税收（减）	-71	损益表!C13
8	FCF6	**经营性现金流量合计**	238	SUM(C5：C7)
9	FCF7	**资本性支出**		
10	FCF8	有形固定资产（减：变化）	-149	-（资产负债表!C11-资产负债表!D11）
11	FCF9	无形固定资产（减：变化）	-24	-（资产负债表!C5-资产负债表!D5）
12	FCF10	**资本性支出合计**	-173	C10+C11
13	FCF11	**净营运资本变动（支出）**		
14	FCF12	流动资产（减：变化）	-54	-（资产负债表!C8-资产负债表!D8）
15	FCF13	流动负债（加：变化）	31	资产负债表!G7-资产负债表!H7
16	FCF14	**净营运资本变动合计**	-23	C4+C15
17	FCF15	**合计**	42	C8+C12+C16
18	FCF16			
19	FCF17	**企业流向投资者的现金流量**		
20	FCF18	债务		
21	FCF19	利息支出	49	损益表!C10
22	FCF20	长期债务（减：变化）	-13	-（资产负债表!G11-资产负债表!H11）
23	FCF21	**流向债权人的现金流合计**	36	C21+C22
24	FCF22	权益		
25	FCF23	股利支出	43	损益表!C17
26	FCF24	股票回购（减：库藏股票变化）	6	-（资产负债表!G19-资产负债表!H19）
27	FCF25	股票发行（减：变化）	-43	-(资产负债表!G15+资产负债表!G16+资产负债表!G1)7-(资产负债表!H15+资产负债表!H16+资产负债表!H17))
28	FCF26	**流向股东的现金流合计**	6	SUM(C25:C27)
29	FCF27	**合计**	42	C23+C28

图 2-4

同时，我们可将上述四个表——资产负债表、损益表、会计现金流量表和财务现金流量表放在同一个 Excel 工作簿中，因为两个现金流量表都引用了资产负债表和损益表的数据，所以只要更新这两个表的数据，就会自动生成新的现金流量表。

2.4 小结

本实验介绍了现金流量表和资产负债表、损益表之间的勾稽关系，说明了如何利用已知的资产负债表和损益表信息自动生成现金流量表，包括财务现金流量表和会计现金流量表两种。

习题

任意下载一家上市企业的资产负债表和损益表，编制其会计现金流量表和财务现金流量表（相关的财务报表信息可从巨潮咨询网上下载，网址：http：//www. cninfo. com. cn/）。

参考书目

[1]Simon Benninga. 财务金融建模——用 Excel 工具(第五版)[M]. 邵建利,等,译. 上海:格致出版社,2015.

[2]曾庆芬. 公司金融[M]. 北京:中国经济出版社,2014.

[3]Stephen A. Ross, Randolph W. Westerfield, Jeffrey F. Jaffe. 公司理财[M]. 吴民农,沈艺峰,王志强,等,译. 北京:机械工业出版社,2009.

实验三

财务报表分析

3.1 实验目的

采用结构分析法和比率分析法对财务报表进行分析，将财务数据转换成有用的信息，帮助报表使用者改善决策。

3.2 理论要点

财务报表分析的主要方法为比较分析，即将目标企业的财务指标与相应的可比数据进行对比，发现其差异并揭示其原因和变化规律的分析方法。其可比数据的选择，主要有以下几个方面：

（1）与本公司历史比，即不同时期比，也称“趋势分析”或“纵向比较”。

（2）与同类公司比，即与行业平均数或主要竞争对手比较，也称“横向比较”。

（3）与计划预算比，即实际执行结果与计划指标比较，也称“预算差异分析”。

从比较的内容来讲，主要包含以下几个方面：

（1）总量比较：即比较相关项目的总金额。总量比较主要用于进行纵向比较，比如将同一企业不同年度的利润总量进行比较，可以分析其竞争地位的变化趋势。

（2）结构比较：把资产负债表、利润表转换成结构百分比报表，并进行百分比的比较。当两个比较对象的总量差异很大时，即不具备可比性时，此时结构百分比报表将相关总量指标都进行了标准化处理，使得许多总量不同的主体间具有横向可比性。

结构百分比报表用于发现有显著问题的项目，揭示进一步分析的方向。

（3）比率比较：财务比率也是相对指标，主要用于反映各会计要素间的数量关系，以衡量企业在不同方面的经营状况，既可以用于纵向比较，也可以用于横向比较。主要财务比率如表 3-1 所示：

表 3-1

比率分析指标	
短期偿债能力分析	**公式**
流动比率	流动资产/流动负债
速动比率	（流动资产-存货）/流动负债
现金比率	（现金+交易性金融资产）/流动负债
长期偿债能力分析	
总债务存量比率	
资产负债率	总负债/总资产
负债权益比	总负债/总权益
权益乘数	总资产/总权益
总债务流量比率	
利息保障倍数	EBIT/利息费用
现金流量利息保障倍数	（EBIT+折旧）/利息费用
营运能力分析	
应收账款营运能力分析	
应收账款周转次数	销售收入/应收账款
应收账款周转天数	365/应收账款周转次数
应收账款与收入比	应收账款/销售收入
存货营运能力分析	
存货周转次数	销售成本/存货
存货周转天数	365/存货周转次数
总资产营运能力分析	
总资产周转次数	销售收入/总资产
总资产周转天数	365/总资产周转次数

续表

比率分析指标	
营运能力分析	
总资产营运能力分析	
总资产与收入比	总资产/销售收入
流动资产周转次数	销售收入/流动资产
固定资产周转次数	销售收入/固定资产
盈利能力分析	
销售净利率	净利润/销售收入
总资产净利率	净利润/总资产
权益净利率	净利润/股东权益
市价比率分析	
市盈率	每股市价/每股收益
市净率	每股市价/每股净资产
现金流比率	
销售现金比率	经营净现金流量/销售收入
现金流动负债比	经营净现金流量/流动负债
现金债务总额比	经营净现金流量/销售收入

3.3 实验过程

3.3.1 结构分析法

本实验将继续实验二中的例子，对财务报表进行分析。因为原始报表已经反映了 2013、2014 两个年度的财务总量信息，可以分析企业 A 的总量结构，以及在两年内的变化趋势。下面我们将对以上报表进行结构分析和比率分析。图 3-1 为资产负债表的结构百分比报表，计算方法为：每个财务报表都与当年的资产总量相除，从结果中可以了解到资产构成以及负债与所有者权益构成。比如，2013 年，资产中占比最高的是“财产厂房及设备”，其净值占总资产的比例为 46.73%，接近一半，而该比例在 2014 年略有下降。

资产负债表结构百分比

编号	资产	2014	2013	编号	负债与所有者权益	2014	2013
B1	**流动资产：**			B14	**流动负债**		
B2	现金及其等价物	7.45%	6.14%	B15	应付账款	11.34%	11.31%
B3	应收账款	15.65%	15.50%	B16	应付票据	2.66%	3.04%
B4	存货	14.32%	16.07%	B17	应计费用	11.87%	11.77%
B5	其他	3.09%	2.87%	B18	**流动负债合计**	25.86%	26.12%
B6	**流动资产合计**	40.50%	40.59%				
				B19	**长期负债：**		
B7	**固定资产：**			B20	递延税款	6.23%	5.97%
B8	财产、厂房、及设备	75.73%	73.13%	B21	长期债务	25.07%	26.29%
B9	减：累计折旧	-29.27%	-26.41%	B22	**长期负债合计**	31.29%	32.26%
B10	财产厂房及设备净值	46.46%	46.73%				
B11	无形资产及其他资产	13.04%	12.69%	B23	**所有者权益：**		
B12	**固定资产合计**	59.50%	59.41%	B24	优先股	2.08%	2.24%
				B25	普通股（面值为1元）	2.93%	1.84%
				B26	股本溢价	18.47%	18.77%
				B27	累计留存收益	20.76%	19.92%
				B28	减：库藏股票	-1.38%	-1.15%
				B29	**所有者权益合计**	42.84%	41.62%
B13	**资产总计**	100.00%	100.00%	B30	**负债与权益合计**	100.00%	100.00%

图 3-1

图 3-2 为损益表结构百分比报表，每个条目都是通过与“销售收入”相除得到。从表中可以看出企业 A 的成本结构比率。在企业 A 的所有成本费用中，“产品销售成本”占比最高，为 73.17%，其次为“销售、一般费用及管理费用”，占比为 14.46%。

损益表结构百分比

编号	条目	2014
P1	销售收入	100.00%
P2	产品销售成本	-73.17%
P3	销售、一般费用及管理费用	-14.46%
P4	折旧	-3.98%
P5	**营业利润**	8.40%
P6	其他利润	1.28%
P7	**息前税前利润（EBIT）**	9.68%
P8	利息费用	-2.17%
P9	**税前利润**	7.52%
P10	所得税	-3.71%
P11	当期：	-3.14%
P12	递延：	-0.57%
P13	**净利润**	3.80%
P14	留存收益：	1.90%
P15	股利：	1.90%

图 3-2

3.3.2 比率分析法

假设企业 A 的股票市场价格为 20 元每股，总股数为 10 股。根据上文所列示的六组财务比率，我们基于资产负债表、损益表和现金流量表，计算出比率表如图 3-3 所示：

	A	B	C	D
1		比率表		
2	编号	条目	2014	公式注释
3	R1	**短期偿债能力分析**		
4	R2	流动比率	1.5658	资产负债表!C8/资产负债表!G7
5	R3	速动比率	1.0123	(资产负债表!C8-资产负债表!C6)/资产负债表!G7
6	R4	现金比率	0.2881	资产负债表!C4/资产负债表!G7
7	R6	**长期偿债能力分析**		
8	R7	总债务存量比率		
9	R8	资产负债率	0.5716	(资产负债表!G21-资产负债表!G20)/资产负债表!C21
10	R9	负债权益比	1.3342	(资产负债表!G21-资产负债表!G20)/资产负债表!C20
11	R10	权益乘数	2.3342	资产负债表!C21/资产负债表!G20
12	R12	总债务流量比率		
13	R13	利息保障倍数	4.4694	损益表!C9/损益表!C10
14	R14	现金流量利息保障倍数	6.3061	(损益表!C9-损益表!C10)/ABS(损益表!C10)
15	R16	**营运能力分析**		
16	R17	应收帐款营运能力分析		
17	R18	应收账款周转次数	7.6939	损益表!C3/资产负债表!C5
18	R19	应收账款周转天数	47.4403	365/C17
19	R20	应收账款与收入比	0.1300	资产负债表!C5/损益表!C3
20	R22	存货营运能力分析		
21	R23	存货周转次数	6.1524	ABS(损益表!C4/资产负债表!C6)
22	R24	存货周转天数	59.3263	365/C21
23	R26	总资产营运能力分析		
24	R27	总资产周转次数	1.2038	损益表!C3/资产负债表!C21
25	R28	总资产周转天数	303.1985	365/C24
26	R29	总资产与收入比	0.8307	资产负债表!C21/损益表!C3
27	R30	流动资产周转次数	2.9724	损益表!C3/资产负债表!C8
28	R31	固定资产周转次数	2.0233	损益表!C3/资产负债表!C15
29	R33	**盈利能力分析**		
30	R34	销售净利率	0.0380	损益表!C15/损益表!C3
31	R35	总资产净利率	0.0458	损益表!C15/资产负债表!C21
32	R36	权益净利率	0.1068	损益表!C15/资产负债表!G20
33	R38	**市价比率分析**		
34	R39	市盈率	2.3256	20/(损益表!C15/10)
35	R40	市净率	0.2484	20/(资产负债表!G20/10)
36	R41	**现金流比率**		
37	R42	销售现金比率	0.0880	会计现金流量表!C16/损益表!C3
38	R43	现金流动负债比	0.4095	会计现金流量表!C16/资产负债表!G7
39	R44	现金债务总额比	0.1853	会计现金流量表!C16/(资产负债表!G7+资产负债表!G12)

图 3-3

同时，我们还可将计算出不同年度的比率，通过 IF 函数来判断其变化趋势，以短期偿债能力为例，流动比率、速动比率和现金比率越高，说明企业短期偿债能力越高。因此，我们可以判断 2014 年的比率是否大于 2013 年，比如流动比率 C4 是否大于 D4，如果大于，代表短期偿债能力提高，此时输出“Better”，否则输出“Worse”（见图3-4）。

=if(C4>D4,"Better","Worse")

	A	B	C	D	E
1			比率表		
2	编号	条目	2014	2013	变化趋势
3	R1	短期偿债能力分析			
4	R2	流动比率	1.5658	1.5538	Better
5	R3	速动比率	1.0123	0.9385	Better
6	R4	现金比率	0.2881	0.2352	Better

图 3-4

如果我们将实验二和实验三的资产负债表、损益表、现金流量表、资产负债表结构百分比报表、损益表结构百分比报表、比率表都放在同一个Excel工作簿中，就可以形成一套自动的现金流量生成模板和财务分析模板。即只需要在资产负债表和损益表中输入某企业的数据，就可以立刻获得该企业的现金流量表以及财务分析结果。甚至我们可在同一个工作簿中建立一个新的表单，将前述报表中的数据引用至此，并用动态图表来展示所有数据，提高数据的可读性。

在计算完以上结构百分比报表和比率表后，报表使用者可以从投资战略、融资战略、分配战略、偿债能力、营运能力、盈利能力等各个方面对企业进行分析，了解该企业的具体财务状况。并通过与同行业企业的相关指标进行横向比较，了解该企业在行业中的竞争地位。

3.4　小结

本实验介绍了如何对资产负债表、损益表和现金流量表进行分析，采用的方法主要包括结构分析法和比率分析法两种。

习题

从网上收集任意一家上市企业的财务报表，至少包含三个年度。对其进行财务分析，至少使用结构分析法和比率分析法，并撰写财务分析报告。

参考书目

[1]Alastair L. Day. 基于Excel的财务建模——实践者指南(第一版)[M]. 余湄,译. 北京:中国人民大学出版社,2004.

[2]曾庆芬. 公司金融[M]. 北京:中国经济出版社,2014.

[3]Stephen A. Ross, Randolph W. Westerfield, Jeffrey F. Jaffe. 公司理财[M]. 吴民农,沈艺峰,王志强,等,译. 北京:机械工业出版社,2009.

实验四

预计财务报表制作

4.1 实验目的

制作预计财务报表，运用这些预测结果分析经营计划对预计利润和财务比率的影响。确认支持长期计划需要的资金，预测未来长期可使用的资金。包括预测可以从内部产生的和向外部融资的部分。

4.2 理论要点

预计财务报表是许多企业进行财务分析时的主要工具，也是许多信用分析及企业价值评估的基础。通过编制预计财务报表，我们可以预测企业未来年度的融资需求，及其财务变化情况。

本实验将建立一个由销售驱动的财务模型，即假设资产负债表和损益表的项目大多直接或间接与销售收入有关。一般企业在制定未来年度计划时，也是先确定销售额。因为该指标一经确定，有许多会计科目会跟随其发生变化。比如，更高的销售额意味着更多的应收应付账款、存货、预售预付账款等，也意味着需要更大的生产规模，即需要更多的固定资产。因此，应收账款等指标直接是企业销售收入的一个百分比，固定资产虽然不是一个可随时调节的变量，但其规模也需与一定量的销售收入相匹配。我们可将其表述为销售收入的一个分段函数，如当销售收入小于A时，固定资产为a；当销售收入大于A小于B时，固定资产为b，一般b>a，等等。

一般来说，资产负债表中的资产项目我们都可设置为销售收入的一个比例，流动负债也可设置为销售收入的比例，这些比例可以从历史报表中计算得到。但现金及有价证券、长期负债和所有者权益则是由企业管理层决定的，属于企业的融资计划，分别代表了内部融资、外部融资中的债权融资和股权融资。

4.3 实验过程

下面，我们采用一个简化的资产负债表和损益表来进行预计财务报表的制作。其原始报表如表 4-1 所示：

表 4-1

	A	B
1	当期财务报表	
2	**年**	0
3	**损益表**	
4	销售	1,000
5	商品销售成本	-500
6	债务利息支付	-32
7	所得利息现金和有价证券	6
8	折旧	-100
9	税前利润	374
10	税	-150
11	税后利润	225
12	股息	-90
13	留存收益	135
14		
15	**资产负债表**	
16	现金和有价证券	80
17	流动资产	150
18	固定资产	
19	固定资产原值	1,070
20	累计折旧	-300
21	固定资产净值	770
22	**总资产**	1,000
23		
24	流动负债	80
25	长期负债	320
26	股票	450

续表

	A	B
27	累计留存收益	150
28	**总负债和股东权益**	1,000

4.3.1 "现金和有价证券"作为触发变量

假设销售收入增长率为10%，流动资产、流动负债、固定资产净值、产品销售成本都是销售收入的一个百分比（这些比例均由0期的报表中计算得出），折旧率由会计政策决定，债券利率和对现金和可兑换证券支付的利息由市场决定，税率由国家规定，派息比率由管理层决定（也是由0期数据计算得出，即股息/净利润），详情见表4-2。

表4-2

变量	假设
销售增长	10%
流动资产/销售	15%
流动负债/销售	8%
固定资产净值/销售	77%
商品销售成本/销售	50%
折旧率	10%
债券利率	10.00%
对现金支付的利息和可兑换证券	8.00%
税率	40%
派息比率	40%
长期债务	不变，公司既不偿还已有债务，也不借入新债务
股票	不变，公司没有发行新的股票，也不回购已有股票
现金和有价证券	资产负债表的"触发变量"

"触发变量"是制作预计财务报表中最重要的变量，即用来平衡资产负债表两边的变量。举例说明：根据上述条件，我们可以计算出下一年度资产负债表中的流动资产、固定资产净值、流动负债，长期负债和股票保持不变，累计留存收益也可由0期的累计留存收益和1期利润表中的新增留存收益求和计算出。

因此，我们可以计算出负债和股东权益总计 T2＝E+F+G+H，而左边的总资产 T1＝A+B+C，为了保证 T1＝T2，必有 A＝T2－B－C。因此，在本模型中，我们将“现金和有价证券”作为触发变量。同时，由于长期债务和股票均被假设不变，“现金和有价证券”作为触发变量也说明了公司的融资渠道来源于企业的现金账户，这个账户的余额变化将说明企业的融资需求（见表 4-3）。

表 4-3

资产	负债和股东权益
现金和有价证券 A	流动负债 E
流动资产 B	长期负债 F
固定资产净值 C	股票 G
	累计留存收益 H
总资产 T1	**负债和股东权益总计 T2**

根据以上设定，我们可以预测下一年的资产负债表和损益表（见图 4-1）。各变量的计算公式如下：

损益表：

销售收入＝初始销售收入＊（1+销售增长率）

销售成本＝销售收入＊（初始销售成本/初始销售收入）

负债的利息费用＝负债利息率＊年平均负债

现金和可兑换证券的利息收入＝存款利息率＊现金和可兑换证券的年平均值

折旧＝折旧率＊固定资产原值的年平均值

税前利润＝销售收入－销售成本－债务的利息费用+现金和有价证券的利息收入－折旧

税金＝税率＊税前利润

税后利润＝税前利润－税金

股利＝股利支付率＊税后利润

未分配利润＝税后利润－股利

资产负债表：

现金和有价证券＝总负债和股东权益－流动资产－固定资产净值

流动资产=（初始流动资产/初始销售收入）＊销售收入

固定资产净值=（初始固定资产净值/初始销售收入）＊销售收入

累计折旧=上一年的累计折旧余额+折旧率＊固定资产原值的年平均值

固定资产原值=固定资产净值+累计折旧

流动负债=（初始流动负债/初始销售收入）＊销售收入

	A	B	C	D	E
1	**预计财务报表**				
2	销售增长	10%			
3	流动资产/销售	15%			
4	流动负债/销售	8%			
5	固定资产净值/销售	77%			
6	商品销售成本/销售	50%			
7	折旧率	10%			
8	债券利率	10.00%			
9	对现金和有价证券支付的利息	8.00%			
10	税率	40%			
11	派息比率	40%			
12	长期债务	不变			
13	股票	不变			
14					
15	**年**	**0**	**1**		
16	**损益表**				
17	销售	1,000	1100	<-- =B17*(1+$B$2)	
18	商品销售成本	-500	-550	<-- =-C17*$B$6	
19	债务利息支付	-32	-32	<-- =-$B$8*(B38+C38)/2	
20	现金和有价证券所得利息	6	9	<-- =$B$9*(B29+C29)/2	
21	折旧	-100	-117	<-- =-$B$7*(B32+C32)/2	
22	税前利润	374	410	<-- =C17+C18+C19+C20+C21	
23	税	-150	-164	<-- =-C22*$B$10	
24	税后利润	225	246	<-- =C22+C23	
25	股息	-90	-98	<-- =-C24*$B$11	
26	留存收益	135	148	<-- =C24+C25	
27					
28	**资产负债表**				
29	现金和有价证券	80	144	<-- =C41-C34-C30	
30	流动资产	150	165	<-- =C17*$B$3	
31	固定资产				
32	固定资产原值	1,070	1,264	<-- =C34-C33	
33	累计折旧	-300	-417	<-- =B33+C21	
34	固定资产净值	770	847	<-- =C17*$B$5	
35	**总资产**	1,000	1156	<-- =C29+C30+C34	
36					
37	流动负债	80	88	<-- =C17*$B$4	
38	长期负债	320	320	<-- =B38	
39	股票	450	450	<-- =B39	
40	累计留存收益	150	298	<-- =B40+C26	
41	**总负债和股东权益**	1,000	1,156	<-- =C37+C38+C39+C40	

图 4-1

下面，我们将根据预测出的损益表和资产负债表，来制作下一年的现金流量表（见图 4-2 和图 4-3）。在本实验中，由于损益表中并未列出息税前利润，所以采用自由现金流的另一种算法，以税后利润为起算点。

	A	B	C	D	E
43	**会计现金流量表**				
44			**1**		
45	**经营活动产生的现金流：**				
46	税后利润		246	<-- =C24	
47	加折旧		117	<-- =-C21	
48	对净运营资金变化的调整：				
49	减去流动资产的增加		-15	<-- =-(C30-B30)	
50	加流动负债的增加		8	<-- =C37-B37	
51	来自经营活动的净现金		356	<-- =C46+C47+C49+C50	
52					
53	**投资活动产生的现金流：**				
54	固定资产获得——资本支出		-194	<-- =-(C32-B32)	
55	用在投资活动的净现金		-194	<-- =C54	
56					
57	**筹资活动产生的现金流：**				
58	来自借款活动的现金收入		0	<-- =C38-B38	
59	来自股票发行，回购的现金收入		0	<-- =C39-B39	
60	股利支付		-98	<-- =C25	
61	来自筹资活动的净现金		-98	<-- =C58+C59+C60	
62					
63	**现金和现金等价物的净增加**		64	<-- =C51+C55+C61	
64	**检查:资产负债表中“现金和有价证券”的变化**		64	<-- =C29-B29	

图 4-2

	A	B	C	D	E
67	**财务现金流量表（自由现金流）**				
68			**1**		
69	税后利润		246	<-- =C24	
70	加折旧		117	<-- =-C21	
71	减去流动资产的增加		-15	<-- =-(C30-B30)	
72	加上流动负债的增加		8	<-- =C37-B37	
73	减去按成本价的固定资产的增加		-194	<-- =-(C32-B32)	
74	加债务的税后利息		19.2	<-- =-C19*(1-$B$10)	
75	减去现金和流动证券的税后利息		-5	<-- =-C20*(1-$B$10)	
76	自由现金流计算		176	<-- =SUM(C69:C75)	

图 4-3

如果我们预测年度扩展至第五年，计算公式与预测 1 年的报表一致，结果如图 4-4、4-5、4-6 所示：

	A	B	C	D	E	F	G
1	预计财务报表						
2	销售增长	10%					
3	流动资产/销售	15%					
4	流动负债/销售	8%					
5	固定资产净值/销售	77%					
6	商品销售成本/销售	50%					
7	折旧率	10%					
8	债券利率	10.00%					
9	对现金和有价证券支付的利息	8.00%					
10	税率	40%					
11	派息比率	40%					
12	长期债务	不变					
13	股票	不变					
14							
15	**年**	**0**	**1**	**2**	**3**	**4**	**5**
16	**损益表**						
17	销售	1,000	1100	1210	1331	1464	1611
18	商品销售成本	-500	-550	-605	-666	-732	-805
19	债务利息支付	-32	-32	-32	-32	-32	-32
20	现金和有价证券所得利息	6	9	14	20	26	33
21	折旧	-100	-117	-137	-161	-189	-220
22	税前利润	374	410	450	492	538	587
23	税	-150	-164	-180	-197	-215	-235
24	税后利润	225	246	270	295	323	352
25	股息	-90	-98	-108	-118	-129	-141
26	留存收益	135	148	162	177	194	211
27							
28	**资产负债表**						
29	现金和有价证券	80	144	213	289	371	459
30	流动资产	150	165	181.5	200	220	242
31	固定资产						
32	固定资产原值	1,070	1,264	1,486	1,740	2,031	2,364
33	累计折旧	-300	-417	-554	-715	-904	-1124
34	固定资产净值	770	847	931.7	1025	1127	1240
35	**总资产**	1,000	1156	1326	1513	1718	1941
36							
37	流动负债	80	88	96.8	106	117	129
38	长期负债	320	320	320	320	320	320
39	股票	450	450	450	450	450	450
40	累计留存收益	150	298	460	637	830	1,042
41	**总负债和股东权益**	1,000	1,156	1,326	1,513	1,718	1,941

图 4-4

	A	B	C	D	E	F	G
43	**会计现金流量表**						
44			**1**	**2**	**3**	**4**	**5**
45	**经营活动产生的现金流：**						
46	税后利润		246	270	295	323	352
47	加折旧		117	137	161	189	220
48	对净运营资金变化的调整：						
49	减去流动资产的增加		-15	-17	-18	-20	-22
50	加流动负债的增加		8	9	10	11	12
51	来自经营活动的净现金		356	400	448	502	562
52							
53	**投资活动产生的现金流：**						
54	固定资产获得——资本支出		-194	-222	-254	-291	-333
55	用在投资活动的净现金		-194	-222	-254	-291	-333
56							
57	**筹资活动产生的现金流：**						
58	来自借款活动的现金收入		0	0	0	0	0
59	来自股票发行，回购的现金收入		0	0	0	0	0
60	股利支付		-98	-108	-118	-129	-141
61	来自筹资活动的净现金		-98	-108	-118	-129	-141
62							
63	现金和现金等价物的净增加		64	70	76	82	88
64	检查:资产负债表中“现金和有价证券”的变化		64	70	76	82	88

图 4-5

	A	B	C	D	E	F	G
67	**财务现金流量表（自由现金流）**						
68			**1**	**2**	**3**	**4**	**5**
69	税后利润		246	270	295	323	352
70	加折旧		117	137	161	189	220
71	减去流动资产的增加		-15	-17	-18	-20	-22
72	加上流动负债的增加		8	9	10	11	12
73	减去按成本价的固定资产的增加		-194	-222	-254	-291	-333
74	加债务的税后利息		19.2	19.2	19.2	19.2	19.2
75	减去现金和流动证券的税后利息		-5	-9	-12	-16	-20
76	自由现金流计算		176	188	201	214	228

图 4-6

4.3.2　“负债”作为触发变量

将“现金和有价证券”作为触发变量有一个风险，即在某些参数下，平衡后的“现金和有价证券”可能为负，如下例所示（见图 4-7）。如果我们将“销售增长”由 10%调整成 20%，将“流动资产/销售”由 10%调整成 25%，此时计算出的预计财务报表中，从第 1 年至第 5 年的“现金和有价证券”均为负。这在实际的财务报表中不可能出现。这说明，企业为了实现销售增长，必须要投入更多的资金，当将账户上的所有现金都用完后还不足以支撑，此时需要企业采用其他的融资方式，比如借入长期负债或发行股票。在本例中，我们假设当现金不足时，企业通过“长期负债”来融资，“长期负债”可以视为第二触发变量。

	A	B	C	D	E	F	G
1	**预计财务报表**						
2	销售增长	20%					
3	流动资产/销售	25%					
4	流动负债/销售	8%					
5	固定资产净值/销售	77%					
6	商品销售成本/销售	50%					
7	折旧率	10%					
8	债券利率	10.00%					
9	对现金和有价证券支付的利息	8.00%					
10	税率	40%					
11	派息比率	40%					
12	长期债务	不变					
13	股票	不变					
14							
15	**年**	**0**	**1**	**2**	**3**	**4**	**5**
16	**损益表**						
17	销售	1,000	1200	1440	1728	2074	2488
18	商品销售成本	-500	-600	-720	-864	-1037	-1244
19	债务利息支付	-32	-32	-32	-32	-32	-32
20	现金和有价证券所得利息	6	1	-5	-8	-12	-17
21	折旧	-100	-121	-151	-189	-234	-290
22	税前利润	374	449	532	635	759	906
23	税	-150	-179	-213	-254	-304	-362
24	税后利润	225	269	319	381	455	544
25	股息	-90	-108	-128	-152	-182	-217
26	留存收益	135	161	191	229	273	326
27							
28	**资产负债表**						
29	现金和有价证券	80	-47	-81	-123	-174	-238
30	流动资产	150	300	360	432	518	622
31	固定资产						
32	固定资产原值	1,070	1,345	1,681	2,091	2,591	3,200
33	累计折旧	-300	-421	-572	-761	-995	-1284
34	固定资产净值	770	924	1108.8	1331	1597	1916
35	**总资产**	1,000	1177	1388	1640	1941	2300
36							
37	流动负债	80	96	115.2	138	166	199
38	长期负债	320	320	320	320	320	320
39	股票	450	450	450	450	450	450
40	累计留存收益	150	311	503	732	1,005	1,331
41	**总负债和股东权益**	1,000	1,177	1,388	1,640	1,941	2,300

图 4-7

那么这在 Excel 表格中如何操作呢？再考虑以下简单例子（见表 4-4）：

表 4-4

资产	负债和股东权益
现金和有价证券 A	流动负债 E
流动资产 B	长期负债 F
固定资产净值 C	股票 G
	累计留存收益 H
总资产 T1	**负债和股东权益总计 T2**

如果仅采用“现金和有价证券”作为触发变量，其计算公式为：A = E+

F+G+H-C-B。但如果 B+C>E+F+G+H，计算出的 A 为负，此时，我们将其取值为 0，即代表所有现金都用完，不足的部分由“长期负债”来补。

因此，对于 A 来说，其取值有两个选择，一是 E+F+G+H-C-B，一是 0，它取其中较大值，我们可以用一个 MAX 函数来实现。

对于“长期负债 F”，如果计算出 A>0，F 保持不变，即等于去年的值；而如果 A<0，F 应该等于 A+B+C-E-G-H。因此，实际上，F 也是取“去年值”和“A+B+C-E-G-H”之间的极大值，也可以用 MAX 函数来实现。如下例（图 4-8）所示：

	A	B	C	D	E	F	G
1	**预计财务报表（现金为零）**						
2	销售增长	20%					
3	流动资产/销售	25%					
4	流动负债/销售	8%					
5	固定资产净值/销售	77%					
6	商品销售成本/销售	50%					
7	折旧率	10%					
8	债券利率	10.00%					
9	对现金和有价证券支付的利息	8.00%					
10	税率	40%					
11	派息比率	40%					
12	股票	不变					
13							
14	**年**	0	1	2	3	4	5
15	**损益表**						
16	销售	1,000	1200	1440	1728	2074	2488
17	商品销售成本	-500	-600	-720	-864	-1037	-1244
18	债务利息支付	-32	-34	-38	-42	-47	-53
19	现金和有价证券所得利息	6	3	0	0	0	0
20	折旧	-100	-121	-151	-189	-234	-290
21	税前利润	374	448	530	633	756	902
22	税	-150	-179	-212	-253	-302	-361
23	税后利润	225	269	318	380	453	541
24	股息	-90	-108	-127	-152	-181	-216
25	留存收益	135	161	191	228	272	325
26							
27	**资产负债表**			<-- =MAX(0,C40-C33-C29)			
28	现金和有价证券	80	0	0	0	0	0
29	流动资产	150	300	360	432	518	622
30	固定资产						
31	固定资产原值	1,070	1,345	1,681	2,091	2,591	3,200
32	累计折旧	-300	-421	-572	-761	-995	-1284
33	固定资产净值	770	924	1108.8	1331	1597	1916
34	**总资产**	1,000	1224	1469	1763	2115	2538
35				<-- =MAX(B37,C34-C36-C38-C39)			
36	流动负债	80	96	115.2	138	166	199
37	长期负债	320	367	401	444	497	562
38	股票	450	450	450	450	450	450
39	累计留存收益	150	311	502	730	1,002	1,327
40	**总负债和股东权益**	1,000	1,224	1,469	1,763	2,115	2,538

图 4-8

4.3.3 保持目标负债/权益比

假如企业想在未来五年每年都保持目标的负债/权益比，即要求资产负债表中的负债和权益之比与目标一致。在此情形下，长期负债和股票都可能成为触发变量，而现金和有价证券保持不变。

负债权益比=长期负债/（股票+累计留存收益）

那么，在 Excel 表单中，长期负债=（股票+累计留存收益）＊负债权益比，股票=总资产-流动负债-长期负债-累计留存收益。其他计算部分保持不变。

从结果中可以看出（见图 4-9），企业在未来五年的长期负债和股票有增有减，长期负债增加代表发行新的债券或向银行借款，如第 2 年的长期负债比第 1 年增加了 100；股票增加则代表企业发行新股，减少则代表回购股票，比如在第 2 年，企业就需要回购股票。

	A	B	C	D	E	F	G
1	预计财务报表（目标负债/权益比）						
2	销售增长	20%					
3	流动资产/销售	25%					
4	流动负债/销售	8%					
5	固定资产净值/销售	77%					
6	商品销售成本/销售	50%					
7	折旧率	10%					
8	债券利率	10.00%					
9	对现金和有价证券支付的利息	8.00%					
10	税率	40%					
11	派息比率	40%					
12	现金及有价证券	不变					
13							
14	**年**	**0**	**1**	**2**	**3**	**4**	**5**
15	**损益表**						
16	销售	1,000	1200	1440	1728	2074	2488
17	商品销售成本	-500	-600	-720	-864	-1037	-1244
18	债务利息支付	-32	-33	-40	-42	-46	-54
19	现金和有价证券所得利息	6	6	6	6	6	6
20	折旧	-100	-121	-151	-189	-234	-290
21	税前利润	374	452	536	640	763	907
22	税	-150	-181	-214	-256	-305	-363
23	税后利润	225	271	321	384	458	544
24	股息	-90	-109	-129	-154	-183	-218
25	留存收益	135	163	193	230	275	326
26							
27	**资产负债表**						
28	现金和有价证券	80	80	80	80	80	80
29	流动资产	150	300	360	432	518	622
30	固定资产						
31	固定资产原值	1,070	1,345	1,681	2,091	2,591	3,200
32	累计折旧	-300	-421	-572	-761	-995	-1284
33	固定资产净值	770	924	1108.8	1331	1597	1916
34	**总资产**	1,000	1304	1549	1843	2195	2618
35			<-- =(C38+C39)*C42			<-- =C34-C36-C37-C39	
36	流动负债	80	96	115.2	138	166	199
37	长期负债	320	345	445	393	526	558
38	股票	450	550	483	575	492	524
39	累计留存收益	150	313	506	736	1,011	1,337
40	**总负债和股东权益**	1,000	1,304	1,549	1,843	2,195	2,618
41							
42	**目标负债/权益比**		0.4	0.45	0.3	0.35	0.3

图 4-9

4.3.4 债务偿还计划

假设企业有一个长期债务偿还计划，即希望在未来五年内将债务还清，在此之前，要求不发放任何股利，即派息率为0，同时要求企业不得发行新股票。因此，在以下模型中（见图4-10），仍然以“现金和有价证券”为触发变量。

当前所欠长期债务总量为320，平均每年需还320/5=64，才能在五年后还清。因此，每年的长期债务=上年长期债务-64。

	A	B	C	D	E	F	G
1	**预计财务报表（债务偿还计划）**						
2	销售增长	20%					
3	流动资产/销售	25%					
4	流动负债/销售	8%					
5	固定资产净值/销售	77%					
6	商品销售成本/销售	50%					
7	折旧率	10%					
8	债券利率	10.00%					
9	对现金和有价证券支付的利息	8.00%					
10	税率	40%					
11	派息比率	0%					
12	长期负债	五年还清					
13	股票	不变					
14							
15	**年**	**0**	**1**	**2**	**3**	**4**	**5**
16	**损益表**						
17	销售	1,000	1200	1440	1728	2074	2488
18	商品销售成本	-500	-600	-720	-864	-1037	-1244
19	债务利息支付	-32	-29	-22	-16	-10	-3
20	现金和有价证券所得利息	6	3	2	6	12	21
21	折旧	-100	-121	-151	-189	-234	-290
22	税前利润	374	454	548	665	805	972
23	税	-150	-181	-219	-266	-322	-389
24	税后利润	225	272	329	399	483	583
25	股息	-90	0	0	0	0	0
26	留存收益	135	272	329	399	483	583
27							
28	**资产负债表**		<-- =C41-C34-C30				
29	现金和有价证券	80	0	39	104	198	328
30	流动资产	150	300	360	432	518	622
31	固定资产						
32	固定资产原值	1,070	1,345	1,681	2,091	2,591	3,200
33	累计折旧	-300	-421	-572	-761	-995	-1284
34	固定资产净值	770	924	1108.8	1331	1597	1916
35	**总资产**	1,000	1224	1508	1866	2313	2866
36			<-- =B38-$B$38/5				
37	流动负债	80	96	115.2	138	166	199
38	长期负债	320	256	192	128	64	0
39	股票	450	450	450	450	450	450
40	累计留存收益	150	422	751	1,150	1,633	2,217
41	**总负债和股东权益**	1,000	1,224	1,508	1,866	2,313	2,866

图 4-10

4.4 小结

本实验介绍了如何基于一个由销售驱动的财务模型来制作预计财务报表。并讨论了多种情况下，如何平衡报表，比如当以“现金和有价证券”充当触发变量时、“长期负债”作为触发变量时、要保持目标负债/权益比时以及企业有一个债务偿还计划时。

习题

考虑 4. 3. 1 中的预计财务报表模型，假设固定资产原值是如下的函数：

$$\text{固定资产原值}=\begin{cases}100\% * \text{销售收入} & \text{销售收入} \leqslant 1200\\ 1200+90\% *(\text{销售收入}-1200) & 1200<\text{销售收入} \leqslant 1400\\ 1380+80\% *(\text{销售收入}-1200) & \text{销售收入}>1400\end{cases}$$

将该函数纳入预计报表模型。

参考书目

[1]Alastair L. Day. 基于 Excel 的财务建模——实践者指南(第一版)[M]. 余湄,译. 北京:中国人民大学出版社,2004.

[2]Simon Benninga. 财务金融建模——用 Excel 工具(第五版)[M]. 邵建利,等,译. 上海:格致出版社,2015.

[3]曾庆芬. 公司金融[M]. 北京:中国经济出版社,2014.

[4]Stephen A. Ross, Randolph W. Westerfield, Jeffrey F. Jaffe. 公司理财[M]. 吴民农,沈艺峰,王志强,等,译. 北京:机械工业出版社,2009.

实验五

盈亏平衡分析

5.1 实验目的

确定项目或公司盈亏平衡时所需的销售量，作为敏感性分析方法的有效补充。

5.2 理论要点

盈亏平衡分析又称保本点分析。由于保本点（或盈亏平衡）的界定角度不同，盈亏平衡分析又可分为：会计盈亏平衡分析（即会计保本点分析）、现值盈亏平衡分析（即现值保本点分析）。

5.2.1 会计盈亏平衡

会计盈亏平衡被定义为：公司或项目净利润（不扣利息费）等于零的销售量。

设 P 为产品单价，S 表示项目销售收入，D 为折旧，VC 代表变动成本总额，由单位变动成本 vc 与销售量 Q 乘积得到，FC 代表固定成本总额，T 表示公司所得税率。净利润等于零：

$$(S - VC - FC - D) \times (1 - T) = 0$$

由于（$1-T$）不可能等于零，所以净利润等于零，等价于息税前利润等于零，即：

$$S - VC - FC - D = 0$$

从上式可以变形得到：

$$Q^* = \frac{FC + D}{P - vc}$$

上式中，（单价-单位变动成本）是税前价差，又称为单位边际贡献（contribution margin），即每多销售一件产品对税前利润所起的贡献。贡献百分比被定义为：

$$\frac{P - vc}{P} = \frac{PQ - vcQ}{PQ} = \frac{TR - VC}{TR}$$

盈亏平衡的收益为：

$$PQ^* = P\frac{FC + D}{P - vc} = \frac{FC + D}{(P - vc)/P} = \frac{FC + D}{\text{贡献百分比}}$$

如果企业有多种产品，盈亏平衡分析方法则略有不同。假如企业共生产三种产品，分别为 A、B、C，销量分别为 Q_1、Q_2、Q_3，销售单价分别为 P_1、P_2、P_3，单位变动成本分别为 vc_1、vc_2、vc_3，固定成本为 FC，折旧为 D。那么在盈亏平衡时，每种产品的销量分别为多少呢？

计算思路是：先算出企业盈亏平衡时的总收入，再根据每种产品收入占总收入的比例计算出每种产品盈亏平衡时的收入，最后计算出每种产品的盈亏平衡销量。

单个产品的销售收入 $TR_i = P_iQ_i$，$i = 1, 2, 3$

销售总收入 $TR = P_1Q_1 + P_2Q_2 + P_3Q_3$

单个产品销售收入占总收入的比例 $p_i = P_iQ_i/TR$

总变动成本 $VC = vc_1Q_1 + vc_2Q_2 + vc_3Q_3$

贡献百分比为 $(TR - VC)/TR$

平衡时的总收入为 $TR^* = \dfrac{FC + D}{\text{贡献百分比}}$

单位产品平衡时的收入 $TR_i^* = TR^* p_i$

单位产品平衡时的销量 $Q_i^* = TR_i^*/P_i$

5.2.2 现值盈亏平衡

现值盈亏平衡分析是计算现金流入和现金流出处于盈亏平衡时的销售量。由于货币具有时间价值，所以，我们要计算现金流入现值和现金流出现值处于盈亏平衡时的销售量。换句话说，是确定 NPV=0 的销售量，这种保本点被称为财务保本点。

5.3 实验过程

5.3.1 会计盈亏平衡

5.3.1.1 单个产品的盈亏平衡分析

假设已预测出企业未来四年的销量、产品单价、单位变动成本、固定成本和折旧信息，我们可以利用公式计算出每一年的盈亏平衡销量。如图 5-1 所示：

	A	B	C	D	E	F	G
1	会计盈亏平衡分析						
2	年	1	2	3	4		
3							
4	销量 Q	5,000	5,500	4,500	3,500		
5	单价 P	60	57	54	51		
6	销售收入 TR	300,000	313,500	243,675	180,049	<-- =E4*E5	
7	单位变动成本 vc	40	36	32	29		
8	总变动成本 VC	200,000	198,000	145,800	102,060	<-- =E7*E4	
9	固定成本 F	53,000	53,000	53,000	53,000		
10	折旧 D	10,000	10,000	10,000	10,000		
11	EBIT	37,000	52,500	34,875	14,989	<-- =E6-E8-E9-E10	
12							
13	盈亏平衡						
14	盈亏平衡销量	3,150	3,000	2,897	2,827	<-- =(E9+E10)/(E5-E7)	
15	盈亏平衡收入	189,000	171,000	156,848	145,445	<-- =E14*E5	
16	超出平衡点销量	1,850	2,500	1,603	673	<-- =E4-E14	
17	超出平衡点收益	111,000	142,500	86,827	34,604	<-- =E16*E5	

图 5-1

也可以利用单变量求解，在 EBIT = 0 时反解销量 Q，如图 5-2 所示，也可以计算出每一年的盈亏平衡销量。

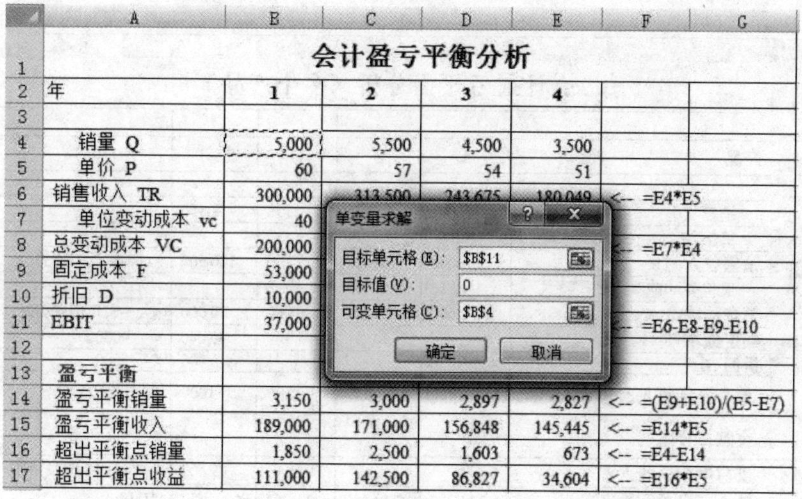

图 5-2

点击“确定”后，得到如图 5-3 所示结果，与用公式算出来的盈亏平衡销量一致。

	A	B	C	D	E	F	G
1	会计盈亏平衡分析						
2	年	1	2	3	4		
3							
4	销量 Q	3,150	5,500	4,500	3,500		
5	单价 P	60	57	54	51		
6	销售收入 TR	189,000	313,500	243,675	180,049	<-- =E4*E5	
7	单位变动成本 vc	40	36	32	29		
8	总变动成本 VC	126,000	198,000	145,800	102,060	<-- =E7*E4	
9	固定成本 F	53,000	53,000	53,000	53,000		
10	折旧 D	10,000	10,000	10,000	10,000		
11	EBIT	-	52,500	34,875	14,989	<-- =E6-E8-E9-E10	
12							
13	盈亏平衡						
14	盈亏平衡销量	3,150	3,000	2,897	2,827	<-- =(E9+E10)/(E5-E7)	
15	盈亏平衡收入	189,000	171,000	156,848	145,445	<-- =E14*E5	
16	超出平衡点销量	-	2,500	1,603	673	<-- =E4-E14	
17	超出平衡点收益	-	142,500	86,827	34,604	<-- =E16*E5	

图 5-3

5.3.1.2 多个产品的盈亏平衡分析

如下例所示，企业有三种产品，相关数据如图 5-4 所示：

	A	B	C	D	E	F
1	会计盈亏平衡分析（多个产品）					
2						
3	**产品**	**A**	**B**	**C**	**总计**	
4						
5	销量 Q	600	1,000	750	2,350	
6	单价 P	40	70	30		
7	**销售收入 TR**	24,000	70,000	22,500	116,500	<-- =SUM(B7:D7)
8	单位变动成本 vc	16	35	8		
9	**总变动成本 VC**	9,600	35,000	6,000	50,600	<-- =SUM(B9:D9)
10	**固定成本 F**				40,000	<-- 40000
11	**折旧 D**				5,000	<-- 5000
12	**单个产品收入占总收入之比**	21%	60%	19%	100%	<-- =E7/$E$7
13	**贡献百分比**				57%	<-- =(E7-E9)/E7
14	**盈亏平衡总收入**				79,552	<-- =(E10+E11)/E13
15	**单个产品盈亏平衡收入**	16,388	47,800	15,364	<-- =$E$14*D12	
16	**单个产品盈亏平衡销量**	**410**	**683**	**512**	<-- =D15/D6	

图 5-4

5.3.2 现金盈亏平衡

假设有一个项目的初始投资为 15000，预计项目持续 5 年，直线折旧，5 年后设备残值为 0。产品的销售价格为 350，单位变动成本为 300，每年支出固定成本为30000，税率为35%，折现率为15%，计算该项目的现金流保本点，假设每年的销售规模相当。

计算过程如下（见图5-5）：先初设一个销量，如1000。然后基于已知信息，计算出项目每一期的现金流，其中OCF=EBIT+折旧-税。再使用NPV函数计算出本项目的净现值。在销量为1000的设定下，计算出NPV为32098，由此可知，现金流平衡时的销量应该小于1000。

	A	B	C	D	E	F	G
1	**现值盈亏平衡分析**						
2							
3	**销量**	**1,000**					
4	初始投资	15000					
5	单位价格	350					
6	单位变动成本	300					
7	固定成本	30,000					
8	税率	35%					
9	折现率	15%					
10							
11		**0**	**1**	**2**	**3**	**4**	**5**
12	初始投资	-15000					
13	销售收入		350000	350000	350000	350000	350000
14	固定成本		30000	30000	30000	30000	30000
15	总变动成本		300000	300000	300000	300000	300000
16	折旧		3000	3000	3000	3000	3000
17	**EBIT**		17000	17000	17000	17000	17000
18	税		5950	5950	5950	5950	5950
19	**税后利润**		11050	11050	11050	11050	11050
20				<-- =C17+C16-C18			
21	**OCF**		14050	14050	14050	14050	14050
22							
23	**总现金流**	-15000	14050	14050	14050	14050	14050
24							
25	**NPV**	**32098**	<-- =NPV(B9,C23:G23)+B23				

图5-5

在根据初设销量计算出NPV后，使用单变量求解，计算NPV=0时的销量，如图5-6所示：

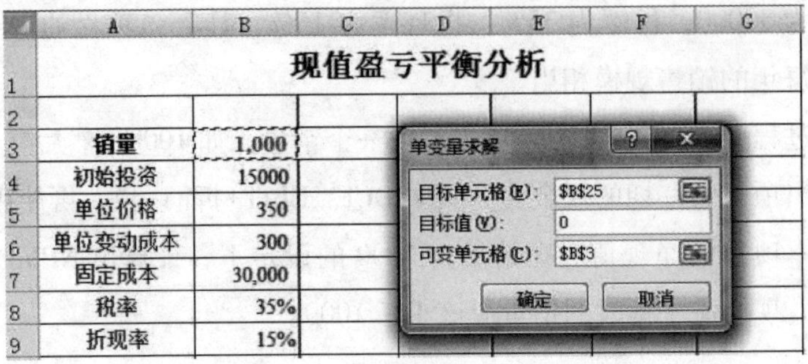

	A	B	C	D	E	F	G
1	现值盈亏平衡分析						
2							
3	销量	1,000					
4	初始投资	15000					
5	单位价格	350					
6	单位变动成本	300					
7	固定成本	30,000					
8	税率	35%					
9	折现率	15%					

图 5-6

点击“确定”后，计算出本项目的现值盈亏平衡点，为 705 个单位（见图 5-7）。

	A	B	C	D	E	F	G
1	现值盈亏平衡分析						
2							
3	销量	705					
4	初始投资	15000					
5	单位价格	350					
6	单位变动成本	300					
7	固定成本	30,000					
8	税率	35%					
9	折现率	15%					

图 5-7

5.4 小结

本实验介绍了如何进行盈亏平衡分析，包括会计盈亏平衡分析和现金盈亏平衡分析。前者又包括单个产品的盈亏平衡分析和多个产品的盈亏平衡分析。

习题

1. 假设你准备开一家网络的零售箱包店。以每件平均 100 元价格零售箱包。进货价格平均每件 50 元。每年固定成本 6000 元，1000 元的固定资产折旧。计算会计保本点年销售量?

2. 某公司研发一种小型摩托车新产品，项目初始投资 150 亿元，估计寿命 10 年，直线折旧法，10 年后设备没有残值。忽略净营运资本变动。预计摩托车销售价格可达 375,000 元，摩托车单位变动成本为 300,000 元，项目生产经营年固定成本 30 亿元。假设公司所得税率 50%。公司用 10%作为贴现利率。计算项目的财务保本点销售量？假设项目寿命期各年销售规模相当。

参考书目

[1]Alastair L. Day. 基于 Excel 的财务建模——实践者指南(第一版)[M]. 余涓,译. 北京:中国人民大学出版社,2004.

[2]曾庆芬. 公司金融[M]. 北京:中国经济出版社,2014.

[3]Stephen A. Ross, Randolph W. Westerfield, Jeffrey F. Jaffe. 公司理财[M]. 吴民农,沈艺峰,王志强,等,译. 北京:机械工业出版社,2009.

实验六

投资组合基础计算

6.1 实验目的

回顾投资组合计算的基本技术，说明如何从历史价格数据中获得收益分布，利用矩阵符号和 Excel 矩阵处理能力，计算资产组合的收益和风险。熟练运用数组函数 MMULT 和 TRANSPOSE。

6.2 理论要点

6.2.1 单个风险资产的报酬和风险

在资本市场中，在资产收益率服从正态分布的假设下，我们常用两个统计量来描述一个风险资产：$E(r_i)$ 为资产 i 的期望收益率，衡量其报酬；σ_i 为资产 i 的标准差，衡量其风险。计算公式如下：

$$E(r_i) = \sum_{j=i}^{N} p_j r_{i,j}$$

$$\sigma_i = \sqrt{\sum_{j=1}^{N} p_j [r_{i,j} - E(r_i)]^2}$$

其中，N 代表未来的可能性，p_j 代表第 j 种可能性发生的概率，$r_{i,j}$ 为资产 i 在第 j 种可能性发生时的收益率。

6.2.2 收益率的计算

记 $P_{i,t}$ 为资产 i 在 t 时期的价格，$r_{i,t}$ 为资产 i 在 t 时期的收益率，$D_{i,t}$ 为资产 i 在 t 时期的利息，比如股票的股利。

在连续复利假设下，收益率的计算公式如下：

$$r_{i,t} = \ln(\frac{P_{i,t} + D_{i,t}}{P_{i,t-1}})$$

如果在非连续复利假设下，即每期只计一次复利，收益率的计算公式如下：

$$r_{i,t}=\frac{P_{i,t}+D_{i,t}-P_{i,t-1}}{P_{i,t-1}}$$

上述两种方式都可以计算资产的收益率，但一般情况下，我们选择用连续复利来计算收益率。原因如下：假设不考虑利息，有 $P_{i,t}=P_{i,t-1}e^{r_{i,t}}$ 。假如 $r_{i,1}$ ，$r_{i,2}$ ，…，$r_{i,12}$ 是资产 i 在 12 个月的收益，那么 12 个月末，资产的价格应为 $P_{i,12}=P_{i,0}e^{r_{i,1}+r_{i,2}+r_{i,3}+\cdots+r_{i,12}}$ 。这种价格和收益率的表达方式允许我们假设平均每期的收益为 $r_i=(r_{i,1}+r_{i,2}+\cdots+r_{i,12})/12$。而这正是我们使用历史收益率数据作为未来收益率分布的一个前提。

6.2.3 两个风险资产组成的组合

假定资产 A 的收益率是 r_A ，期望收益率是 $E(r_A)$ ，标准差是 σ_A 。资产 B 的收益率是 r_B ，期望收益率是 $E(r_B)$ ，标准差是 σ_B 。假定在整个投资组合 P 中，资产 A 的比例为 ω_A ，那么资产 B 的比例为（ $1-\omega_A$ ），可以证明，投资组合的期望收益率是：

$$E(r_P)=\omega_A E(r_A)+\omega_B E(r_B)$$

上式说明投资组合的期望收益率是单项资产的期望收益率的加权平均值，其权数是各项资产投资金额在总投资中所占的比重。因而，投资组合的期望收益率就是单个资产期望收益率的线性函数。

投资组合的风险与单个资产风险之间的关系则要复杂得多，投资组合的方差 σ_P^2 可以表达为：

$$\sigma_P^2={\omega_A}^2\sigma_A^2+2\omega_A\omega_B\sigma_{A,B}+{\omega_B}^2\sigma_B^2$$

其中 σ_A^2 和 σ_B^2 分别为资产 A 和 B 收益率的方差，方差是衡量随机变量可能实现值的离散程度。$\sigma_{A,B}$ 为资产 A 和 B 收益率的协方差。协方差则是衡量两个随机变量变动的统计相关程度，其计算如式：

$$\sigma_{A,B}=\mathrm{COV}(r_A,r_B)=E[(r_A-E(r_A))(r_B-E(r_B))]$$

$$=\sum_{i=1}^{N}p_i[(r_{A,i}-E(r_A))(r_{B,i}-E(r_B))]$$

从资产组合的方差公式中可以发现，资产组合的风险（方差 σ_P^2 ）不仅要受到单个证券风险的影响，还要受到证券收益率之间相关性（协方差 $\sigma_{A,B}$ ）的影响。在实际中，由于不同变量所用的衡量单位并不相同，造成不同资产之间的协方差往往会因为衡量单位的差异而难以比较，因此人们将表示两个资产收益率之间相关关系的协方差变量，除以两个资产各自标准差予以标准化，就得到了相关系数（correlation coefficient，以 $\rho_{A,B}$ 表示）。由于 $\rho_{A,B}$ 消除了衡量单位问题，因此往往被作为衡量不同资产间收益率变动相关性的统一指标。

$$\sigma_{A,B} = \rho_{A,B}\sigma_A\sigma_B$$

$$\rho_{A,B} = \frac{\sigma_{A,B}}{\sigma_A\sigma_B}$$

相关系数是一个无量纲数，其性质如下：

相关系数总是在 1 和-1 之间：$-1 \leqslant \rho_{A,B} \leqslant 1$；

如果相关系数为 1，那么两个资产间的收益率完全线性正相关；

如果相关系数为-1，那么两个资产间的收益率完全线性负相关；

如果两个资产的收益率相互独立，那么它们的相关系数为 0。但此结论反过来并不成立，即两个资产的相关系数为 0，并不意味着二者一定相互独立。

6.2.4 N 个风险资产组成的组合

我们将用矩阵形式来表达由 N 种风险资产组成的投资组合的收益和风险。在 N 个资产组合中，假设资产 i 在组合中的权重用 ω_i 来表示。整个投资组合的权重可以写成向量 W：

$$W = \begin{bmatrix} \omega_1 \\ \omega_2 \\ \omega_3 \\ \vdots \\ \omega_N \end{bmatrix}$$

我们也可以用其转置形式来表达：$W^T = [\omega_1 \quad \omega_2 \quad \omega_3 \quad \cdots \quad \omega_N]$。

$E(r)$ 为资产收益的列向量，记为：

$$E(r) = \begin{bmatrix} E(r_1) \\ E(r_2) \\ E(r_3) \\ \vdots \\ E(r_N) \end{bmatrix}$$

其转置形式为 $E(r)^T = [E(r_1) \quad E(r_2) \quad E(r_3) \quad \cdots \quad E(r_N)]$。

资产组合的预期收益率为：

$$E(r_P)=\sum_{i=1}^{N}\omega_i E(r_i)=W^T E(r)=E(r)^T W$$

由此可知，组合的收益率是组合中每种资产预期收益率的简单加权平均。

对由 N 种风险资产组成的投资组合，组合的方差 σ_P^2 计算公式如下。意味着组合的风险不仅受到各单项资产的自身风险的影响，更受到两两之间的协方差的影响，而其影响程度则取决于各资产的权重、方差以及协方差的大小：

$$\sigma_P^2=\sum_{i=1}^{N}\omega_i^2\sigma_i^2+2\sum_{i=1}^{N}\sum_{j\neq i=1}^{N}\omega_i\omega_j\sigma_{i,j}=\sum_{i=1}^{N}\sum_{j=1}^{N}\omega_i\omega_j\sigma_{i,j}$$

我们可以用矩阵符号进行更简单的表达。记 N 个风险资产的方差——协方差矩阵为 S：

$$S=\begin{bmatrix}\sigma_{1,1} & \sigma_{1,2} & \sigma_{1,3} & \cdots & \sigma_{1,N}\\ \sigma_{2,1} & \sigma_{2,2} & \sigma_{2,3} & \cdots & \sigma_{2,N}\\ \sigma_{3,1} & \sigma_{3,2} & \sigma_{3,3} & \cdots & \sigma_{3,N}\\ \vdots & \vdots & \vdots & \ddots & \vdots\\ \sigma_{N,1} & \sigma_{N,2} & \sigma_{N,3} & \cdots & \sigma_{N,N}\end{bmatrix}$$

投资组合的方差可以记为 $\sigma_P^2=W^T SW$。

在矩阵 S 所包含的 N^2 项中，涉及单个证券方差的项目一共为 N 项（矩阵的对角线项），而涉及证券之间协方差的项目一共为 N^2-N 项（矩阵的非对角线项），说明资产间的协方差对组合风险的影响渠道和方式更多。因此，我们在投资组合的构建中，往往更加看重证券之间收益率的相关性，而非单个证券的方差。

6.3　实验过程

6.3.1　单个资产的收益率

现收集了浦发银行和中信证券两只股票从 2004 年 10 月至 2009 年 9 月总计 60 个月的股票价格数据（见图 6-1）。该数据为每只股票在月初的开盘价。我们利用连续复利公式来计算两只股票的月度收益率。因为本例不考虑分红和利息，收益率计算公式如下：

$$r_{A,t}=\ln\left(\frac{P_{A,t}}{P_{A,t-1}}\right)$$

	A	B	C	D	E	F
1	**收益率计算**					
2		**股票价格**		**收益率**		
3	日期	浦发银行	中信证券	浦发银行	中信证券	
4	2004/10/1	7.19	6.7			
5	2004/11/1	7.02	6.69	-2.39%	-0.15%	<-- =LN(C5/C4)
6	2004/12/1	6.79	5.8	-3.33%	-14.28%	<-- =LN(C6/C5)
7	2005/1/3	7.15	4.89	5.17%	-17.07%	<-- =LN(C7/C6)
8	2005/2/1	7.51	5.48	4.91%	11.39%	<-- =LN(C8/C7)
9	2005/3/1	6.71	4.2	-11.26%	-26.60%	<-- =LN(C9/C8)
10	2005/4/1	6.81	5.24	1.48%	22.12%	<-- =LN(C10/C9)
50	2008/8/1	21.97	20.11	-3.31%	-11.67%	<-- =LN(C50/C49)
51	2008/9/1	15.62	24.76	-34.11%	20.80%	<-- =LN(C51/C50)
52	2008/10/6	11.74	17.84	-28.56%	-32.78%	<-- =LN(C52/C51)
53	2008/11/3	11.99	19.56	2.11%	9.20%	<-- =LN(C53/C52)
54	2008/12/1	13.25	17.97	9.99%	-8.48%	<-- =LN(C54/C53)
55	2009/1/5	16.69	21.77	23.08%	19.18%	<-- =LN(C55/C54)
56	2009/2/2	17.78	21.37	6.33%	-1.85%	<-- =LN(C56/C55)
57	2009/3/2	21.92	25.47	20.93%	17.55%	<-- =LN(C57/C56)
58	2009/4/1	23.17	24.25	5.55%	-4.91%	<-- =LN(C58/C57)
59	2009/5/4	25.65	25.43	10.17%	4.75%	<-- =LN(C59/C58)
60	2009/6/1	23.02	28.26	-10.82%	10.55%	<-- =LN(C60/C59)
61	2009/7/1	27.17	38.03	16.58%	29.69%	<-- =LN(C61/C60)
62	2009/8/3	17.84	24.5	-42.07%	-43.97%	<-- =LN(C62/C61)
63	2009/9/1	19.65	25.01	9.66%	2.06%	<-- =LN(C63/C62)

图 6-1

6.3.2 单个资产的期望报酬和风险

在理论上，要计算股票的期望收益率和标准差，我们需要先知道股票收益率在未来的分布情况。如果该分布是离散的，我们需要准确预测未来有多少种情形，每种情形发生的概率，以及在每种情形发生时，股票的预期收益率。基于需要预测众多变量，准确预测股票未来的分布比较困难，我们往往希望从历史信息中获取未来走势。因此，我们往往假设过去是未来的一次实现，过去的收益可以描述股票未来收益的分布。在此，我们假设过去 60 个月的收益率数据代表了下一月的收益率分布。在此假设下，股票的期望收益率可以由过去 60 月的历史平均收益来计算。因为对于未来来说，每种可能情形发生的概率不同，资产 i 的期望收益计算公式如下：

$$E(r_i) = \sum_{j=1}^{N} p_j r_{i,j}$$

但如果用历史数据来计算，每个月的收益率都是现实发生的，对于过去60月来说，每种情况发生的概率相同，即都为1/60。因此，此时的期望收益率计算公式如下：

$$E(r_i) = \frac{1}{N}\sum_{j=1}^{N} r_{i,j}$$

我们还可以据此从股票历史收益信息中获得未来收益的方差。相关函数包括 Avergae，Varp，Stdevp，计算过程如图 6-2 所示：

	A	B	C	D	E	F	G
1	期望收益率和标准差						
2		股票价格		收益率			
3	日期	浦发银行	中信证券	浦发银行	中信证券		
4	2004/10/1	7.19	6.7				
5	2004/11/1	7.02	6.69	-2.39%	-0.15%		
6	2004/12/1	6.79	5.8	-3.33%	-14.28%		
7	2005/1/3	7.15	4.89	5.17%	-17.07%		
8	2005/2/1	7.51	5.48	4.91%	11.39%		
9	2005/3/1	6.71	4.2	-11.26%	-26.60%		
10	2005/4/1	6.81	5.24	1.48%	22.12%		
11	2005/5/2	6.61	4.89	-2.98%	-6.91%		
63	2009/9/1	19.65	25.01	9.66%	2.06%		
64							
65			月平均收益	1.70%	2.23%	<-- =AVERAGE(E5:E63)	
66			月方差	2.11%	3.75%	<-- =VARP(E5:E63)	
67			月标准差	14.54%	19.37%	<-- =STDEVP(E5:E63)	
68				14.54%	19.37%	<-- =SQRT(E66)	
69							
70			年平均收益	20.45%	26.79%	<-- =12*E65	
71			年方差	25.36%	45.04%	<-- =12*E66	
72			年标准差	50.36%	67.11%	<-- =SQRT(E71)	

图 6-2

其中，选择 Varp，而不选择 Var 来计算方差，原因在于 Varp 是用于计算母体方差，而 Var 是用于计算样本方差。在本例中，我们假设过去 60 个月的收益率可以表达未来一月的分布，因此采用母体方差计算公式。

其计算公式如下：

$$\text{Varp}(r_i) = \frac{1}{N}\sum_{j=1}^{N}(r_{i,j} - E(r_i))^2$$

6.3.3 两个资产的协方差和相关系数

两个资产的协方差计算有两种方法（见图 6-3），一是利用公式计算，公式如下：

$$\text{Cov}(r_i, r_j) = E[(r_i - E(r_i))(r_j - E(r_j))] = \frac{1}{N}\sum_{t=1}^{N}[(r_{i,t} - E(r_i))(r_{j,t} - E(r_j))]$$

即计算出两个资产各自的期望收益 $E(r_i)$ 和 $E(r_j)$，再计算两个资产每个时期的收益减去期望收益（即超额收益）$r_{i,t} - E(r_i)$ 和 $r_{j,t} - E(r_j)$，再将两个时点的超额收益相乘，得到每个时点的 $(r_{i,t} - E(r_i))(r_{j,t} - E(r_j))$，最后求各个时点乘积的平均值，可得两个资产的协方差。

方法二，利用函数 COVAR 计算，其语法如下“Covar（变量 1 的所有值，变量 2 的所有值）”。

计算两个变量的相关系数也有两种方法（见图 6-3），一是利用公式计算，公式如下：

$$\rho_{i,j} = \frac{\sigma_{i,j}}{\sigma_i \sigma_j}$$

二是利用函数 CORREL 计算，其语法如下“Correl（变量 1 的所有值，变量 2 的所有值）”。

	A	B	C	D	E	F	G	H	I	J
1	协方差和相关系数									
2		浦发银行			中信证券				乘积	
3	日期	价格	收益率	收益率-均值	价格	收益率	收益率-均值			
4	2004/10/1	7.19			6.7					
5	2004/11/1	7.02	-2.39%	-4.10%	6.69	-0.15%	-2.38%		0.10%	<-- =D5*G5
6	2004/12/1	6.79	-3.33%	-5.04%	5.8	-14.28%	-16.51%		0.83%	
7	2005/1/3	7.15	5.17%	3.46%	4.89	-17.07%	-19.30%		-0.67%	
8	2005/2/1	7.51	4.91%	3.21%	5.48	11.39%	9.16%		0.29%	
9	2005/3/1	6.71	-11.26%	-12.97%	4.2	-26.60%	-28.83%		3.74%	
10	2005/4/1	6.81	1.48%	-0.22%	5.24	22.12%	19.89%		-0.04%	
11	2005/5/2	6.61	-2.98%	-4.68%	4.89	-6.91%	-9.15%		0.43%	
63	2009/9/1	19.65	9.66%	7.96%	25.01	2.06%	-0.17%		-0.01%	
64								协方差	1.57%	<-- =AVERAGE(I5:I63)
65	平均收益率		1.70%	<-- =AVERAGE(F5:F63)	2.23%				1.57%	<-- =COVAR(C5:C63,F5:F63)
66	标准差		14.54%	<-- =STDEVP(F5:F63)	19.37%					
67								相关系数	55.58%	<-- =I64/(C66*F66)
68									55.58%	<-- =CORREL(C5:C63,F5:F63)

图 6-3

6.3.4 两个资产构成的投资组合的期望收益和标准差

计算资产组合的收益方法也有两种，第一种是先计算出资产组合在每个时点的收益率，再使用 Average，Varp 和 Stdevp 函数来计算其均值、方差和标准差。如图 6-4 所示：

	A	B	C	D	E
1	**投资组合的期望收益和标准差（两个资产）**				
2	**浦发银行权重**	**0.3**			
3	**中信证券权重**	**0.7**	**<-- =1-B2**		
4					
5	日期	**浦发银行**	**中信证券**	**投资组合的收益率**	
6	2004/11/1	-2.39%	-0.15%	-0.82%	<-- =$B$2*B6+$B$3*C6
7	2004/12/1	-3.33%	-14.28%	-10.99%	
8	2005/1/3	5.17%	-17.07%	-10.40%	
9	2005/2/1	4.91%	11.39%	9.45%	
10	2005/3/1	-11.26%	-26.60%	-22.00%	
59	2009/4/1	5.55%	-4.91%	-1.77%	
60	2009/5/4	10.17%	4.75%	6.38%	
61	2009/6/1	-10.82%	10.55%	4.14%	
62	2009/7/1	16.58%	29.69%	25.76%	
63	2009/8/3	-42.07%	-43.97%	-43.40%	
64	2009/9/1	9.66%	2.06%	4.34%	
65			**组合的期望收益**	**2.07%**	<-- =AVERAGE(D6:D64)
66			**组合收益的方差**	**2.69%**	<-- =VARP(D6:D64)
67			**组合收益的标准**	**16.39%**	<-- =STDEVP(D6:D64)

图 6-4

方法二是先计算出单个资产的平均收益率、方差、标准差，以及两个资产间的协方差和相关系数，再利用投资组合的期望收益和方差计算公式进行计算，公式如下：

$$E(r_P) = \omega_A E(r_A) + \omega_B E(r_B)$$

$$\sigma_P^2 = {\omega_A}^2 \sigma_A^2 + 2\omega_A \omega_B \sigma_{A,B} + {\omega_B}^2 \sigma_B^2$$

	A	B	C	D	E
1	**投资组合的期望收益和标准差（两个资产）**				
2	**浦发银行权重**	**0.3**			
3	**中信证券权重**	**0.7**	**<-- =1-B2**		
70					
71		**浦发银行**	**中信证券**		
72	期望收益	1.70%	2.23%	<-- =AVERAGE(C6:C64)	
73	方差	2.11%	3.75%	<-- =VARP(C6:C64)	
74	标准差	14.54%	19.37%	<-- =STDEVP(C6:C64)	
75	协方差	1.57%	<-- =COVAR(B6:B64,C6:C64)		
76	相关系数	55.58%	<-- =CORREL(B6:B64,C6:C64)		
77					
78	**组合的期望收益**	2.07%	<-- =B2*B72+B3*C72		
79	**组合收益的方差**	2.69%	<-- =B2^2*B73+B3^2*C73+2*B75*B3*B2		
80	**组合收益的标准差**	16.39%	<-- =SQRT(B79)		

图 6-5

在上述例子（图 6-5）中，我们设定浦发银行和中信证券两只股票在组合中的权重分别为 0.3 和 0.7，并基于此计算投资组合的收益和标准差。但事实上，当两只股票的权重发生变化时，所构成的投资组合的收益和风险也会发生变化。为了解这两只股票所构成的可能的投资组合，我们可以通过模拟运算表（即数据表）来计算在不同权重下，投资组合的收益和风险变化。如下例（图 6-6）所示，单元格 A20：A40 中的内容为“浦发银行权重”的变化范围，我们将其从-0.5变化至 1.5，步长为 0.1。当其为-0.5 时，代表组合中会卖空 50%的浦发银行，买入 150%的中信证券，而当其值为 1.5 时，代表卖空中信证券，买入浦发银行。因为中信证券的权重为 1-浦发银行权重，所以我们只需要变化其中之一就可以控制整个组合的权重变化。单元格 B19 和 C19 为模拟运算表的表头，B19 放置的是组合收益的标准差，C19 放置的是组合的期望收益，它们分别引用了原模型中的 B15 和 B13 单元格。

在完成表头设置后，我们选中整个数据表的范围，即 A19：C40，然后点击“数据”，在“数据工具”中点击“假设分析”，再点击“数据表”。在“引用列的单元格”中输入“浦发银行权重”在原模型中所处单元格，即“B3”，点击“确定”后可完成整个数据表。

为了更直观地展示不同权重下投资组合的收益和风险变化趋势，我们可将数据表中的“组合的期望收益”和“组合的标准差”数据用散点图的形式展示出来。再将“浦发银行”和“中信证券”的标准差和期望收益数据也画入图中，如图 6-6 所示。可以看出，两只股票所构成的组合轨迹为一条凸线。

	A	B	C	D
1	**投资组合的期望收益和标准差（两个资产）**			
2				
3	**浦发银行权重**	**0.3**		
4	**中信证券权重**	**0.7**	**<-- =1-B3**	
5				
6		**浦发银行**	**中信证券**	
7	期望收益	1.70%	2.23%	
8	方差	2.11%	3.75%	
9	标准差	14.54%	19.37%	
10	协方差	1.57%		
11	相关系数	55.58%		
12				
13	**组合的期望收益**	2.07%	<-- =B3*B7+B4*C7	
14	**组合收益的方差**	2.69%	<-- =B3^2*B8+B4^2*C8+2*B10*B4*B3	
15	**组合收益的标准差**	16.39%	<-- =SQRT(B14)	
16				
17	<-- =B15			
18		**组合收益的标准差**	**组合的期望收益**	
19	**浦发银行权重**	**16.39%**	**2.07%**	<-- =B13
20	-0.5	25.74%	2.50%	
21	-0.4	24.38%	2.44%	
22	-0.3	23.05%	2.39%	
23	-0.2	21.77%	2.34%	
24	-0.1	20.54%	2.29%	
25	0	19.37%	2.23%	
26	0.1	18.28%	2.18%	
27	0.2	17.28%	2.13%	
28	0.3	16.39%	2.07%	
29	0.4	15.62%	2.02%	
30	0.5	15.00%	1.97%	
31	0.6	14.53%	1.92%	
32	0.7	14.25%	1.86%	
33	0.8	14.15%	1.81%	
34	0.9	14.25%	1.76%	
35	1	14.54%	1.70%	
36	1.1	15.00%	1.65%	
37	1.2	15.63%	1.60%	
38	1.3	16.40%	1.55%	
39	1.4	17.29%	1.49%	
40	1.5	18.29%	1.44%	

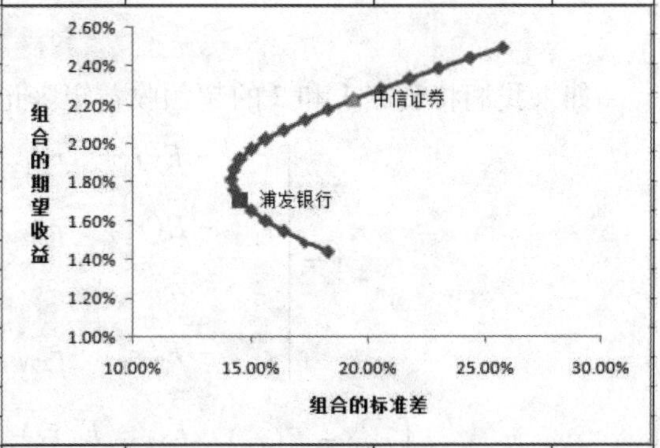

图 6-6

6.3.5　多个资产的方差——协方差矩阵计算

为了计算多个资产的方差——协方差矩阵，我们先以两个资产的方差——协方差矩阵为例进行分析。

$$S=\begin{bmatrix}\sigma_{1,1} & \sigma_{1,2}\\ \sigma_{2,1} & \sigma_{2,2}\end{bmatrix}=\begin{bmatrix}E[r_1-E(r_1)]^2 & E[r_1-E(r_1)][r_2-E(r_2)]\\ E[r_1-E(r_1)][r_2-E(r_2)] & E[r_2-E(r_2)]^2\end{bmatrix}$$

$$= \begin{bmatrix} \frac{1}{N}\sum_{i=1}^{N}[r_{1,i}-E(r_1)]^2 & \frac{1}{N}\sum_{i=1}^{N}[r_{1,i}-E(r_1)][r_{2,i}-E(r_2)] \\ \frac{1}{N}\sum_{i=1}^{N}[r_{1,i}-E(r_1)][r_{2,i}-E(r_2)] & \frac{1}{N}\sum_{i=1}^{N}[r_{2,i}-E(r_2)]^2 \end{bmatrix}$$

$$= \frac{1}{N}\begin{bmatrix} \sum_{i=1}^{N}[r_{1,i}-E(r_1)]^2 & \sum_{i=1}^{N}[r_{1,i}-E(r_1)][r_{2,i}-E(r_2)] \\ \sum_{i=1}^{N}[r_{1,i}-E(r_1)][r_{2,i}-E(r_2)] & \sum_{i=1}^{N}[r_{2,i}-E(r_2)]^2 \end{bmatrix}$$

$$= \frac{1}{N}\begin{bmatrix} r_{1,1}-E(r_1) & r_{1,2}-E(r_1) & \cdots & r_{1,N}-E(r_1) \\ r_{2,1}-E(r_2) & r_{2,2}-E(r_2) & \cdots & r_{2,N}-E(r_2) \end{bmatrix}\begin{bmatrix} r_{1,1}-E(r_1) & r_{2,1}-E(r_2) \\ r_{1,2}-E(r_1) & r_{2,2}-E(r_2) \\ \vdots & \vdots \\ r_{1,N}-E(r_1) & r_{2,N}-E(r_2) \end{bmatrix}$$

如果我们将资产 1 和 2 的超额收益矩阵记为 A，有：

$$A = \begin{bmatrix} r_{1,1}-E(r_1) & r_{2,1}-E(r_2) \\ r_{1,2}-E(r_1) & r_{2,2}-E(r_2) \\ \vdots & \vdots \\ r_{1,N}-E(r_1) & r_{2,N}-E(r_2) \end{bmatrix},$$

$$A^T = \begin{bmatrix} r_{1,1}-E(r_1) & r_{1,2}-E(r_1) & \cdots & r_{1,N}-E(r_1) \\ r_{2,1}-E(r_2) & r_{2,2}-E(r_2) & \cdots & r_{2,N}-E(r_2) \end{bmatrix}$$

$$S = \frac{1}{N}A^TA$$

由此可知，方差——协方差矩阵的计算方式如下：第一步：求出所有资产的期望收益率；第二步，计算出所有资产的超额收益矩阵；第三步，利用公式 $S = \frac{1}{N}A^TA$ 求出方差——协方差矩阵。

我们收集了 6 只股票 2004 年 10 月至 2009 年 9 月总计 60 个月的股票价格数据，如图 6-7 所示：（为了方便展示，我们隐藏了一部分数据）

	A	B	C	D	E	F	G
1	6只股票的价格数据						
2	日期	浦发银行	中信证券	中金黄金	三一重工	海螺水泥	雅戈尔
3	2004/10/1	7.19	6.7	6.3	18.86	7.78	5.37
4	2004/11/1	7.02	6.69	7.26	18.24	7.87	5.23
5	2004/12/1	6.79	5.8	6.83	16.75	6.96	4.66
51	2008/10/6	11.74	17.84	25.06	11.13	16.96	7.47
52	2008/11/3	11.99	19.56	29.99	16.21	26.57	7.67
53	2008/12/1	13.25	17.97	37.24	13.93	25.93	7.21
54	2009/1/5	16.69	21.77	36.35	19.46	28.79	8.54
55	2009/2/2	17.78	21.37	49.96	20.36	31.53	8.71
56	2009/3/2	21.92	25.47	59.32	23.35	35.08	10.18
57	2009/4/1	23.17	24.25	59.99	25.96	44.37	11.37
58	2009/5/4	25.65	25.43	76.73	25.22	41.53	11.24
59	2009/6/1	23.02	28.26	65.88	28.77	42.14	13.79
60	2009/7/1	27.17	38.03	63.36	33.29	48.41	15.06
61	2009/8/3	17.84	24.5	50.03	28.51	39.29	11.53
62	2009/9/1	19.65	25.01	54.25	33.18	43.03	12.27

图 6-7

60 个月的价格数据可以计算出 59 个收益率数据，如图 6-8 所示：

	A	B	C	D	E	F	G
1	6只股票的收益率数据						
2	日期	浦发银行	中信证券	中金黄金	三一重工	海螺水泥	雅戈尔
3	2004/11/1	-2.39%	-0.15%	14.18%	-3.34%	1.15%	-2.64%
4	2004/12/1	-3.33%	-14.28%	-6.11%	-8.52%	-12.29%	-11.54%
50	2008/10/6	-28.56%	-32.78%	-29.62%	-37.23%	-43.60%	-37.05%
51	2008/11/3	2.11%	9.20%	17.96%	37.60%	44.89%	2.64%
52	2008/12/1	9.99%	-8.48%	21.65%	-15.16%	-2.44%	-6.18%
53	2009/1/5	23.08%	19.18%	-2.42%	33.43%	10.46%	16.93%
54	2009/2/2	6.33%	-1.85%	31.80%	4.52%	9.09%	1.97%
55	2009/3/2	20.93%	17.55%	17.17%	13.70%	10.67%	15.60%
56	2009/4/1	5.55%	-4.91%	1.12%	10.60%	23.49%	11.06%
57	2009/5/4	10.17%	4.75%	24.61%	-2.89%	-6.61%	-1.15%
58	2009/6/1	-10.82%	10.55%	-15.25%	13.17%	1.46%	20.45%
59	2009/7/1	16.58%	29.69%	-3.90%	14.59%	13.87%	8.81%
60	2009/8/3	-42.07%	-43.97%	-23.62%	-15.50%	-20.87%	-26.71%
61	2009/9/1	9.66%	2.06%	8.10%	15.17%	9.09%	6.22%
62							
63	均值	1.70%	2.23%	3.65%	0.96%	2.90%	1.40%

图 6-8

通过将每个资产的收益率减去它们的均值，求解出超额收益矩阵，如图 6-9 所示：

	A	B	C	D	E	F	G
64	**6只股票的超额收益矩阵**						
65	日期	浦发银行	中信证券	中金黄金	三一重工	海螺水泥	雅戈尔
66	2004/11/1	-4.10%	-2.38%	10.53%	-4.30%	-1.75%	-4.04%
67	2004/12/1	-5.04%	-16.51%	-9.75%	-9.48%	-15.19%	-12.94%
113	2008/10/6	-30.26%	-35.01%	-33.27%	-38.19%	-46.50%	-38.45%
114	2008/11/3	0.40%	6.97%	14.31%	36.64%	41.99%	1.24%
115	2008/12/1	8.29%	-10.71%	18.00%	-16.12%	-5.34%	-7.59%
116	2009/1/5	21.38%	16.95%	-6.07%	32.47%	7.56%	15.53%
117	2009/2/2	4.62%	-4.09%	28.15%	3.56%	6.19%	0.57%
118	2009/3/2	19.23%	15.32%	13.52%	12.75%	7.77%	14.19%
119	2009/4/1	3.84%	-7.14%	-2.53%	9.64%	20.59%	9.65%
120	2009/5/4	8.46%	2.52%	20.96%	-3.85%	-9.51%	-2.55%
121	2009/6/1	-12.52%	8.32%	-18.90%	12.21%	-1.44%	19.05%
122	2009/7/1	14.87%	27.46%	-7.55%	13.63%	10.97%	7.41%
123	2009/8/3	-43.77%	-46.20%	-27.27%	-16.46%	-23.77%	-28.11%
124	2009/9/1	7.96%	-0.17%	4.45%	14.21%	6.19%	4.82%
125		<-- =B61-B$63					

图 6-9

再利用求解出的超额收益矩阵，计算出 6 只股票的方差——协方差矩阵（见图 6-10）。

	A	B	C	D	E	F	G
127	**6只股票的方差——协方差矩阵**						
128		浦发银行	中信证券	中金黄金	三一重工	海螺水泥	雅戈尔
129	浦发银行	2.11%	1.57%	0.97%	1.22%	1.54%	1.15%
130	中信证券	1.57%	3.75%	2.56%	1.94%	1.74%	2.17%
131	中金黄金	0.97%	2.56%	4.77%	1.13%	1.60%	1.74%
132	三一重工	1.22%	1.94%	1.13%	4.84%	1.96%	1.44%
133	海螺水泥	1.54%	1.74%	1.60%	1.96%	2.69%	1.73%
134	雅戈尔	1.15%	2.17%	1.74%	1.44%	1.73%	3.08%
135		<-- {=MMULT(TRANSPOSE(B66:G124),B66:G124)/59}					

图 6-10

在计算方差——协方差矩阵的过程中，我们用到了两个数组函数：MMULT 和 TRANSPOSE。其中，TRANSPOSE 函数为转置函数，其语法为"TRANSPOSE（矩阵 1）"，其输出结果为矩阵 1 的转置矩阵。MMULT 为矩阵相乘的函数，其语法为"MMULT（矩阵 1，矩阵 2）"，该函数要求矩阵 1 的列一定要等于矩阵 2 的行，其相乘的结果可能为一个数，也可能为一个矩阵。注意，MMULT 只能求解两个矩阵的乘积。如果要计算三个矩阵相乘，那么需要使用嵌套的 MMULT 函数，如 MMULT（矩阵 1，MMULT（矩阵 2，矩阵 3））。同时，因为 MMULT 和 TRANSPOSE 函数为数组函数，在输出时不能只点击“Enter”键，要同时按“Ctrl”＋“Shift”＋“Enter”，才能输出正确的结果。

6.3.6　多个资产构成的投资组合的期望收益和标准差

本例中，我们以 6 个资产为例，它们的权重向量、期望收益向量和方差——协方差矩阵如图 6-11 所示：

	A	B	C	D	E	F	G
1	投资组合的期望收益和标准差（多个资产）						
2							
3		期望收益	权重				
4	浦发银行	1.70%	0.1				
5	中信证券	2.23%	0.2				
6	中金黄金	3.65%	0.3				
7	三一重工	0.96%	0.1				
8	海螺水泥	2.90%	0.2				
9	雅戈尔	1.40%	0.1				
10							
11	方差——协方差矩阵						
12		浦发银行	中信证券	中金黄金	三一重工	海螺水泥	雅戈尔
13	浦发银行	2.11%	1.57%	0.97%	1.22%	1.54%	1.15%
14	中信证券	1.57%	3.75%	2.56%	1.94%	1.74%	2.17%
15	中金黄金	0.97%	2.56%	4.77%	1.13%	1.60%	1.74%
16	三一重工	1.22%	1.94%	1.13%	4.84%	1.96%	1.44%
17	海螺水泥	1.54%	1.74%	1.60%	1.96%	2.69%	1.73%
18	雅戈尔	1.15%	2.17%	1.74%	1.44%	1.73%	3.08%

图 6-11

$E(r)$ 为期望收益向量，W 为权重向量，S 为协方差矩阵。组合的期望收益和方差计算公式如下：

$$E(r_P) = \sum_{i=1}^{N} \omega_i E(r_i) = W^T E(r) = E(r)^T W$$

$$\sigma_P^2 = W^T S W$$

以上公式中涉及矩阵转置和矩阵相乘，所以我们使用 TRANSPOSE 和 MMULT 函数来计算。期望收益的计算函数如下：MMULT（TRANSPOSE（收益率向量），权重向量）；而方差计算涉及三个矩阵相乘，所以需要嵌套一个 MMULT，函数如下：MMULT（TRANSPOSE（权重向量），MMULT（方差——协方差矩阵，权重向量））。由于 MMULT 和 TARNPOSE 都是数组函数，在输完公式后，需要同时点击“Ctrl”+“Shift”+“Enter”。计算结果如图6-12所示：

	A	B	C	D	E	F	G
1	投资组合的期望收益和标准差（多个资产）						
2							
3		期望收益	权重				
4	浦发银行	1.70%	0.1				
5	中信证券	2.23%	0.2				
6	中金黄金	3.65%	0.3				
7	三一重工	0.96%	0.1				
8	海螺水泥	2.90%	0.2				
9	雅戈尔	1.40%	0.1				
10							
11	方差——协方差矩阵						
12		浦发银行	中信证券	中金黄金	三一重工	海螺水泥	雅戈尔
13	浦发银行	2.11%	1.57%	0.97%	1.22%	1.54%	1.15%
14	中信证券	1.57%	3.75%	2.56%	1.94%	1.74%	2.17%
15	中金黄金	0.97%	2.56%	4.77%	1.13%	1.60%	1.74%
16	三一重工	1.22%	1.94%	1.13%	4.84%	1.96%	1.44%
17	海螺水泥	1.54%	1.74%	1.60%	1.96%	2.69%	1.73%
18	雅戈尔	1.15%	2.17%	1.74%	1.44%	1.73%	3.08%
19							
20	组合的收益率	2.53%	<-- {=MMULT(TRANSPOSE(B4:B9),C4:C9)}				
21	组合的方差	2.17%	<-- {=MMULT(TRANSPOSE(C4:C9),MMULT(B13:G18,C4:C9))}				
22	组合的标准差	14.73%	<-- =SQRT(B21)				

图6-12

6.4 小结

本实验介绍了如何运用Excel计算单个资产的收益率、期望收益率和标准差，两个资产的协方差和相关系数，两个资产所构成的投资组合的期望收益和标准差，多个资产的方差——协方差矩阵以及多个资产所构成的投资组合的期望收益和标准差等内容。常用函数为MMULT和TRANSPOSE函数，前者为矩阵相乘的函数，后者为矩阵转置，本实验主要涉及矩阵运算。

习题

1. 从网上收集任意两家上市企业的月度股票价格数据，至少60个月，将价格数据转化为收益率数据，并计算股票收益率的均值、标准差和方差，以及两只股票的协方差和相关系数。

2. 继续习题1，假设两只股票分别为A和B，你投资50%至股票A，50%至股票B，请计算该投资组合的月平均收益率以及标准差。并变换股票A的权重从-1至1，观察组合的收益率和标准差变化，用散点图表示。

3. 考虑两个资产，A和B，有下列的均值和方差

$$E(r_A)=0.03,\quad E(r_B)=0.05$$
$$\mathrm{Var}(r_A)=0.0025,\quad \mathrm{Var}(r_B)=0.0045$$

考虑以下三种情况：

$$\rho_{A,B}=1,\quad \rho_{A,B}=0,\quad \rho_{A,B}=-1$$

画出以上每种情况的投资组合的均值和标准差的曲线图。

参考书目

[1] Simon Benninga. 财务金融建模——用Excel工具(第五版)[M]. 邵建利,等,译. 上海:格致出版社,2015.

[2] Zvi Bodie, Alex Kane, Alan J. Marcus. 投资学(第九版)[M]. 汪昌云,张永冀,等,译.北京:机械工业出版社,2012.

实验七

最小方差组合和有效投资组合

7.1 实验目的

掌握在有卖空限制和无卖空限制时最小方差组合和有效投资组合以及有效边界的计算方法。包括用规划求解、VBA 程序和公式获得有效边界三种方式。

7.2 理论要点

再次回忆符号：投资组合的权重向量为 W，$E(r)$ 为资产收益的列向量，方差——协方差矩阵为 S。

$$W=\begin{bmatrix}\omega_1\\ \omega_2\\ \omega_3\\ \vdots\\ \omega_N\end{bmatrix},\quad E(r)=\begin{bmatrix}E(r_1)\\ E(r_2)\\ E(r_3)\\ \vdots\\ E(r_N)\end{bmatrix},\quad S=\begin{bmatrix}\sigma_{1,1} & \sigma_{1,2} & \sigma_{1,3} & \cdots & \sigma_{1,N}\\ \sigma_{2,1} & \sigma_{2,2} & \sigma_{2,3} & \cdots & \sigma_{2,N}\\ \sigma_{3,1} & \sigma_{3,2} & \sigma_{3,3} & \cdots & \sigma_{3,N}\\ \vdots & \vdots & \vdots & \ddots & \vdots\\ \sigma_{N,1} & \sigma_{N,2} & \sigma_{N,3} & \cdots & \sigma_{N,N}\end{bmatrix}$$

7.2.1 无卖空限制时

在没有卖空限制时，任一资产既可买多，也可卖空，对于单一资产的权重无非负的约束。

（1）最小方差组合

最小方差组合是指在所有可能的组合中，方差最小的投资组合，求解以下优化问题可得：

$$\min \quad \sigma_p^2=\sum_{i=1}^{N}\sum_{j=1}^{N}\omega_i\omega_j\sigma_{i,j}=W^TSW$$

$$\text{s.t.} \quad \sum_{i=1}^{N}\omega_i=1$$

（2）有效投资组合

有效投资组合是指在方差相同时，具有最大期望收益率的投资组合。在数学上，我们可以将其定义为下列方程的一个解：

$$\max \quad \sum_{i=1}^{N} \omega_i E(r_i) = W^T E(r)$$

$$\text{s. t.} \quad \sigma_p^2 = \sum_{i=1}^{N} \sum_{j=1}^{N} \omega_i \omega_j \sigma_{i,j} = W^T S W = \sigma^2$$

$$\sum_{i=1}^{N} \omega_i = 1$$

在上述优化问题中，我们要在给定方差前提下，求解期望收益最大的投资组合，其本质上是一组权重，$W^T = [\omega_1 \quad \omega_2 \quad \omega_3 \quad \cdots \quad \omega_N]$ 。

所有的有效投资组合将构成有效边界，如图 7-1 所示：

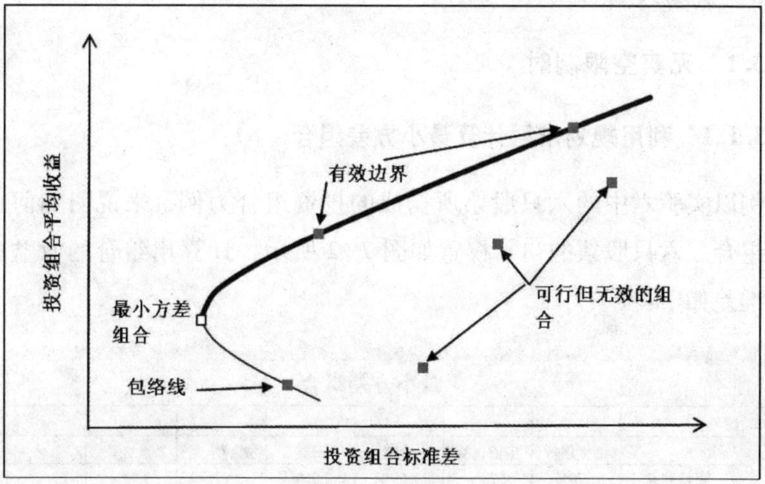

图 7-1

7.2.2　有卖空限制时

在有卖空限制时，即当不允许卖空时，我们求解最小方差组合和有效投资组合，都需要再多加 N 条约束，即所有的权重都必须为非负。

（1）最小方差组合

求解最小方差组合的优化问题如下：

$$\min \quad \sigma_p^2 = \sum_{i=1}^{N} \sum_{j=1}^{N} \omega_i \omega_j \sigma_{i,j} = W^T S W$$

$$\text{s.t.} \quad \sum_{i=1}^{N} \omega_i = 1$$

$$\omega_i > 0, \ i = 1, 2, \cdots, N$$

(2) 有效投资组合

求解有效投资组合的优化问题如下：

$$\max \quad \sum_{i=1}^{N} \omega_i E(r_i) = W^T E(r)$$

$$\text{s.t.} \quad \sigma_p^2 = \sum_{i=1}^{N}\sum_{j=1}^{N} \omega_i \omega_j \sigma_{i,j} = W^T S W = \sigma^2$$

$$\sum_{i=1}^{N} \omega_i = 1$$

$$\omega_i > 0, \ i = 1, 2, \cdots, N$$

7.3 实验过程

7.3.1 无卖空限制时

7.3.1.1 利用规划求解计算最小方差组合

本例以实验六中的六只股票所构成的投资组合为例，来说明如何求解最小方差组合。六只股票的初始权重如图 7-2 所示，计算出组合的收益率、方差和标准差如下：

	A	B	C	D	E	F	G	H
1	最小方差组合							
2								
3		浦发银行	中信证券	中金黄金	三一重工	海螺水泥	雅戈尔	
4	**期望收益**	1.70%	2.23%	3.65%	0.96%	2.90%	1.40%	
5								
6	**方差——协方差矩阵**							
7		浦发银行	中信证券	中金黄金	三一重工	海螺水泥	雅戈尔	**权重**
8	浦发银行	2.11%	1.57%	0.97%	1.22%	1.54%	1.15%	0.1
9	中信证券	1.57%	3.75%	2.56%	1.94%	1.74%	2.17%	0.2
10	中金黄金	0.97%	2.56%	4.77%	1.13%	1.60%	1.74%	0.3
11	三一重工	1.22%	1.94%	1.13%	4.84%	1.96%	1.44%	0.1
12	海螺水泥	1.54%	1.74%	1.60%	1.96%	2.69%	1.73%	0.2
13	雅戈尔	1.15%	2.17%	1.74%	1.44%	1.73%	3.08%	0.1
14							**总计**	**1.0**
15								
16	**组合的收益率**	2.53%						
17	**组合的方差**	2.17%						
18	**组合的标准差**	14.73%						

图 7-2

为了方便后文的表述，我们在本表单中定义了以下变量名称，并进行了应用。主要是将单元格 B18 定义为“标准差”，将单元格 B17 定义为“方差”，将单元格 B16 定义为“收益率”，将单元格 H8：H13 这六个单元格定义为“权重”，因为单元格 H14 中放的是所有权重之和，我们将其定义为“权重和”，定义方式如图 7-3 所示：

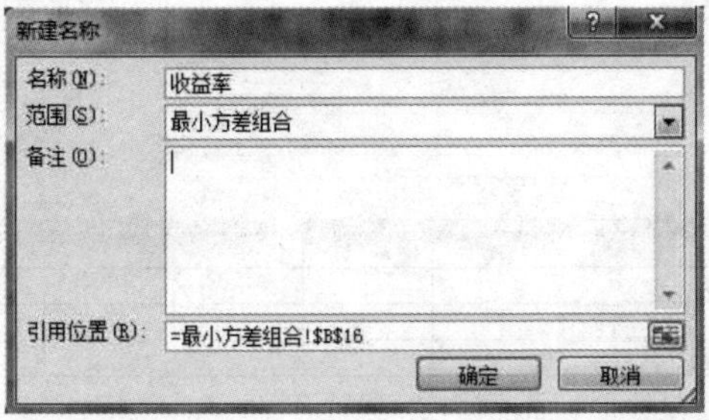

图 7-3

名称列表如表 7-1 所示：

表 7-1

名称	单元格
标准差	= $B$18
方差	= $B$17
权重	= $H$8：$H$13
权重和	= $H$14
收益率	= $B$16

最小方差组合，是在权重之和为 1 的约束下，通过最小化“组合的方差”来求解。点击“数据”，在“分析”中点击“规划求解”。在弹出的对话框中输入以下内容（见图 7-4）：

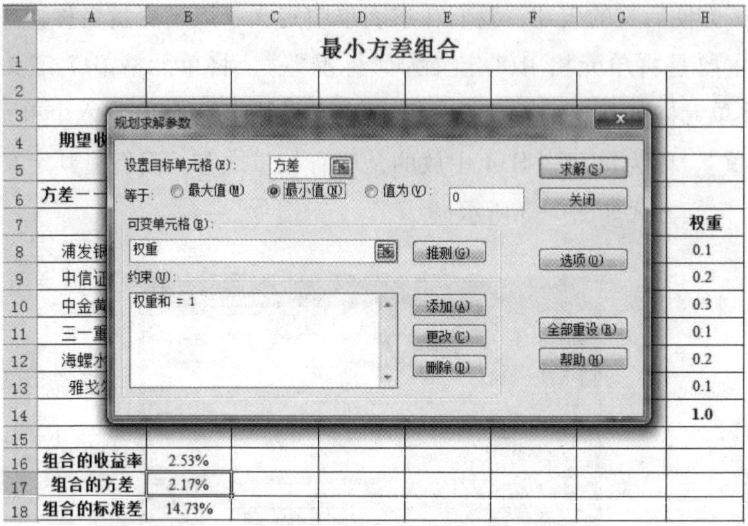

图 7-4

点击“求解”后，我们可求出最小方差组合如图 7-5 所示：

	A	B	C	D	E	F	G	H
1	**最小方差组合**							
2								
3		浦发银行	中信证券	中金黄金	三一重工	海螺水泥	雅戈尔	
4	**期望收益**	1.70%	2.23%	3.65%	0.96%	2.90%	1.40%	
5								
6	**方差——协方差矩阵**							
7		浦发银行	中信证券	中金黄金	三一重工	海螺水泥	雅戈尔	**权重**
8	浦发银行	2.11%	1.57%	0.97%	1.22%	1.54%	1.15%	58.17%
9	中信证券	1.57%	3.75%	2.56%	1.94%	1.74%	2.17%	-14.20%
10	中金黄金	0.97%	2.56%	4.77%	1.13%	1.60%	1.74%	17.69%
11	三一重工	1.22%	1.94%	1.13%	4.84%	1.96%	1.44%	13.04%
12	海螺水泥	1.54%	1.74%	1.60%	1.96%	2.69%	1.73%	0.47%
13	雅戈尔	1.15%	2.17%	1.74%	1.44%	1.73%	3.08%	24.83%
14							**总计**	**1.0**
15								
16	**组合的收益率**	1.81%						
17	**组合的方差**	1.63%						
18	**组合的标准差**	12.77%						

图 7-5

从上面结果中可知，最小方差组合的权重向量为［58.17%，-14.2%，17.69%，13.04%，0.47%，24.83%］，其中“中信证券”将被卖空。最小方差组合的标准差为 12.77%，收益率为 1.81%。

7.3.1.2　利用规划求解计算有效投资组合

有效投资组合是在给定一个标准差时，求解期望收益最大的组合。因此，我们先指定单元格 E18 来放置设定的标准差（见图 7-6）。

	A	B	C	D	E	F	G	H
1	**有效投资组合**							
2								
3		浦发银行	中信证券	中金黄金	三一重工	海螺水泥	雅戈尔	
4	**期望收益**	1.70%	2.23%	3.65%	0.96%	2.90%	1.40%	
5								
6	**方差——协方差矩阵**							
7		浦发银行	中信证券	中金黄金	三一重工	海螺水泥	雅戈尔	**权重**
8	浦发银行	2.11%	1.57%	0.97%	1.22%	1.54%	1.15%	58.17%
9	中信证券	1.57%	3.75%	2.56%	1.94%	1.74%	2.17%	-14.20%
10	中金黄金	0.97%	2.56%	4.77%	1.13%	1.60%	1.74%	17.69%
11	三一重工	1.22%	1.94%	1.13%	4.84%	1.96%	1.44%	13.04%
12	海螺水泥	1.54%	1.74%	1.60%	1.96%	2.69%	1.73%	0.47%
13	雅戈尔	1.15%	2.17%	1.74%	1.44%	1.73%	3.08%	24.83%
14							**总计**	**1.0**
15								
16	**组合的收益率**	1.81%						
17	**组合的方差**	1.63%						
18	**组合的标准差**	12.77%		**设定值**	15%			

图 7-6

为了方便展示，我们将单元格 E18 的名称定义为“设定值”并应用。并对“最小方差组合”中定义过的变量也重新定义（因为每个表单中的单元格名称不能共用，所以需要重新定义）。名称列表如表 7-2 所示：

表 7-2

名称	单元格
标准差	= $B$18
方差	= $B$17
权重	= $H$8：$H$13
权重和	= $H$14
设定值	= $E$18
收益率	= $B$16

因为最小方差组合的标准差为 12. 77%，我们下面演示如何求解标准差为 15%时的有效投资组合。点击“规划求解”，在弹出对话框中做以下输入（见图 7-7）。

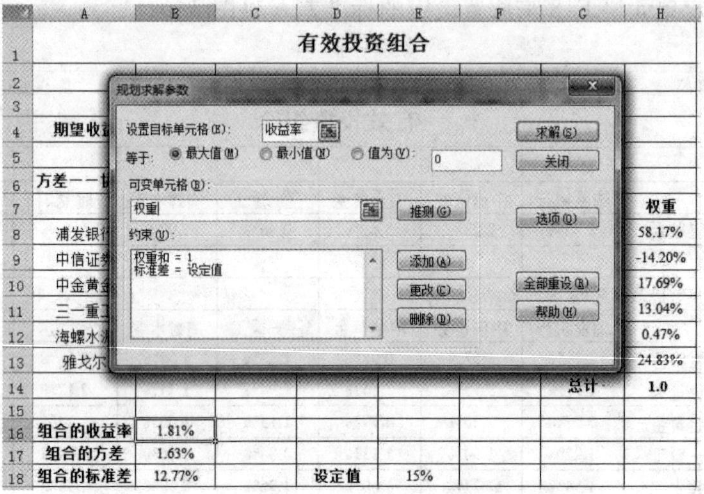

图 7-7

点击“求解”，发现当标准差为 15%时，组合的权重向量为［31%，-4. 33%，34. 77%，-8. 86%，56. 5%，-9. 08%］，组合的收益率为 3. 13%（见图 7-8）。

	A	B	C	D	E	F	G	H
1	有效投资组合							
2								
3		浦发银行	中信证券	中金黄金	三一重工	海螺水泥	雅戈尔	
4	期望收益	1.70%	2.23%	3.65%	0.96%	2.90%	1.40%	
5								
6	方差——协方差矩阵							
7		浦发银行	中信证券	中金黄金	三一重工	海螺水泥	雅戈尔	权重
8	浦发银行	2.11%	1.57%	0.97%	1.22%	1.54%	1.15%	31.00%
9	中信证券	1.57%	3.75%	2.56%	1.94%	1.74%	2.17%	-4.33%
10	中金黄金	0.97%	2.56%	4.77%	1.13%	1.60%	1.74%	34.77%
11	三一重工	1.22%	1.94%	1.13%	4.84%	1.96%	1.44%	-8.86%
12	海螺水泥	1.54%	1.74%	1.60%	1.96%	2.69%	1.73%	56.50%
13	雅戈尔	1.15%	2.17%	1.74%	1.44%	1.73%	3.08%	-9.08%
14							总计	1.0
15								
16	组合的收益率	3.13%						
17	组合的方差	2.25%						
18	组合的标准差	15.00%		设定值	15%			

图 7-8

7.3.1.3 利用规划求解计算有效边界

有效边界是由所有的有效组合构成。但要求解出所有的有效组合是非常困难的，所以我们可求出一系列的有效组合，将其连接起来，可构成有效边界。求解出的有效组合越多，所构造出的有效边界越接近真实边界。

我们仍可采用规划求解来完成这一任务。

在本例中，我们已求解出了最小方差组合，其标准差为 12.77%，我们可继续利用规划求解方法，求解出当标准差分别为 13%、15%、17%、…、29% 等 9 个值时的有效组合。我们将设定的标准差的值放在单元格 B25：B33 中，将有效组合的收益率放在单元格 C25：C33 中。这要求我们执行 9 次规划求解。但事实上这并不困难。我们只需要将每一个设定的标准差引用至“设定值”单元格，就不要每次都重新设置规划求解对话框，只需要直接点击“求解”即可。

根据上述方法，我们将求解出有效组合如下。如果利用散点图将有效组合连接起来，再将已有的六只股票信息画入图中，如图 7-9 所示。可以发现，六只股票都位于有效边界之内。

	A	B	C
1	有效边界		
21			
22		有效组合	
23		组合标准差	组合收益率
24	最小方差组合	12.77%	1.81%
25		13.00%	2.21%
26		15.00%	3.13%
27		17.00%	3.69%
28		19.00%	4.17%
29		21.00%	4.60%
30		23.00%	5.02%
31		25.00%	5.41%
32		27.00%	5.80%
33		29.00%	6.18%
34		单个资产	
35		标准差	期望收益
36	浦发银行	14.54%	1.70%
37	中信证券	19.37%	2.23%
38	中金黄金	21.85%	3.65%
39	三一重工	22.01%	0.96%
40	海螺水泥	16.39%	2.90%
41	雅戈尔	17.55%	1.40%

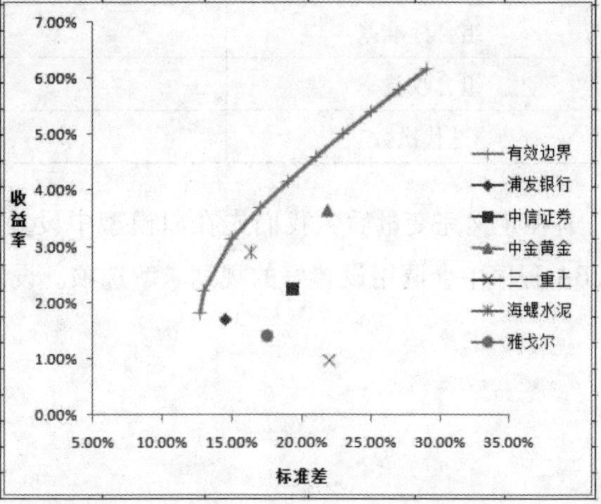

图 7-9

7.3.1.4 用 VBA 程序计算有效边界

上述通过重复执行规划求解来计算有效组合的方法可以粗略地描述出有效边界。如果要更精确地描述该边界，需要求出更多的有效组合，这就大幅增加了计算量。为了简化计算，我们可以使用一个简单的 VBA 程序来实现。为了提高程序的可读程度，我们也需要先对单元格进行命名。需要定义的变量情况如下。表 7-3 中的变量除了之前定义过的标准差、方差、收益率、权重、权重和、设定值之外，我们还将单元格 E18 定义为“迭代次数”，这个单元格决定我们计算出多少个有效组合。此外，还将单元格 B23 和 C23 分别定义为组合标准差和组合收益率，这是为了将计算出的有效组合的标准差和收益率放在它们下面。

表 7-3

名称	单元格
标准差	= $B$19
方差	= $B$18
收益率	= $B$17
权重	= $H$9：$H$14
设定值	= $E$19
权重和	= $H$15
组合标准差	= $B$23
组合收益率	= $C$23
迭代次数	= $E$18

在定义完变量后，我们先在原模型中设置好规划求解选项，因为等下的 VBA 程序中会调用设置好的规划求解选项。设置如下（见图 7-10）：

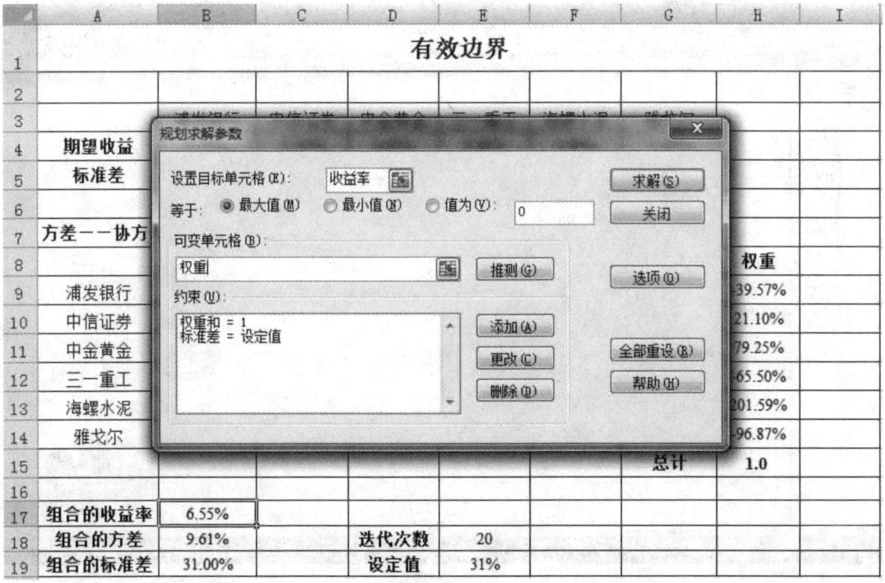

图 7-10

点击“求解”，完成规划求解参数设置。然后将“迭代次数”单元格中输入 20，代表要计算 20 个有效组合。下面，点击“开发工具”，在“代码”中点击“Visual Basic”，或者点击快捷键“Alt” + “F11”，在弹出的 VBA 模块页面点击菜单里的“插入”，然后选择“模块”（见图 7-11）。

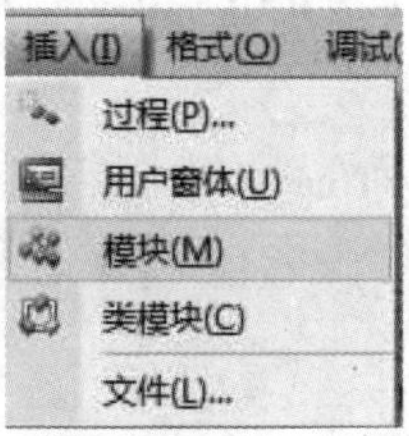

图 7-11

图 7-12

在上述页面（见图 7-12）中输入以下 VBA 程序：

```
Sub 有效边界（ ）
    n=Range（"迭代次数"）
    For i = 1 To n
        Range（"设定值"）= i * 0.01 + 0.11
        SolverOk
        SolverSolve UserFinish：=True
        Range（"组合收益率"）.Cells（i + 1, 1）= ActiveSheet.Range（"收益率"）
        Range（"组合标准差"）.Cells（i + 1, 1）= ActiveSheet.Range（"标准差"）
    Next i
End Sub
```

上述程序是定义了一个名叫“有效边界”的宏或模块。因为我们将迭代次数设置为 20，因此我们将计算 20 个有效组合。前面我们已将规划求解的参数设置好，在每次迭代的过程中，我们只需要变化“设定值”中的值即可（这代表变化标准差）。同时，在程序中我们将“设定值”的初始值设置为

12%，是通过 Range（"设定值"）= i * 0.01+0.11 来实现的，因为 i=1 时，Range（"设定值"）= 0.12，而 i 每变化一次，“设定值”中的数值变化 0.01。

提示，在运行上述程序前，一定要先设置好规划求解的参数，否则规划求解不会运行。

关于在 VBA 中调用规划求解的说明

如果要在 VBA 程序中调用规划求解，需要先实现规划求解的引用。具体操作方式如下（见图 7-13）：点击“开发工具”，在“代码”中点击“Visual Basic”，或者点击快捷键“Alt”+“F11”，在弹出的 VBA 模块页面点击菜单里的“工具”，然后选择“引用”。

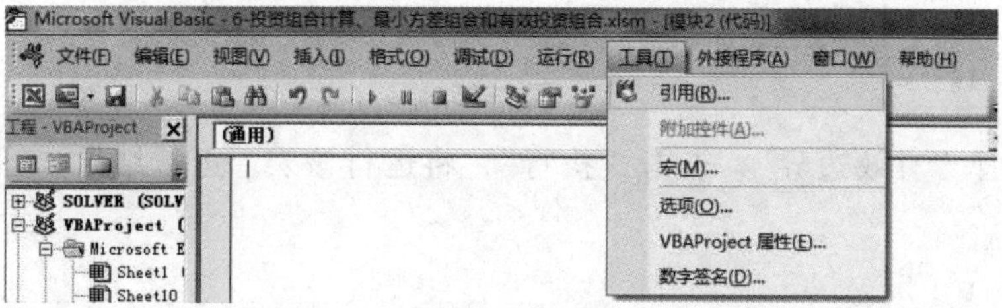

图 7-13

弹出以下对话框（见图 7-14），将里面的“SOLVER”选中。此时 VBA 程序才可调用规划求解。

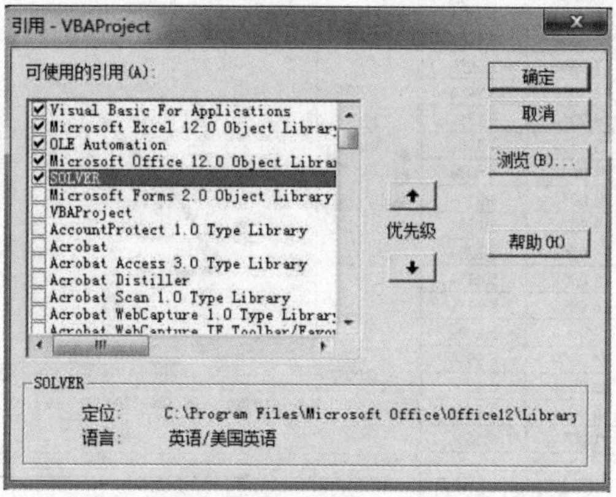

图 7-14

输入上述程序后，直接关掉 VBA 模块页面，此时已建立好名为“有效边界”的宏。点击“开发工具”，在“代码”中点击“宏”，结果如图 7-15 所示：

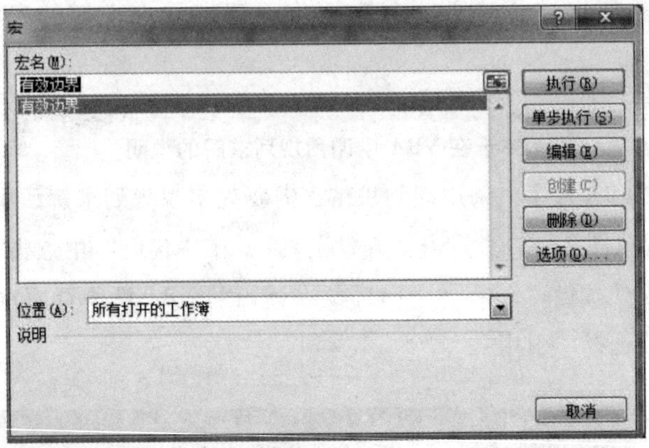

图 7-15

选择“有效边界”，点击“执行”，将运行该宏。运行结果如图 7-16 所示：

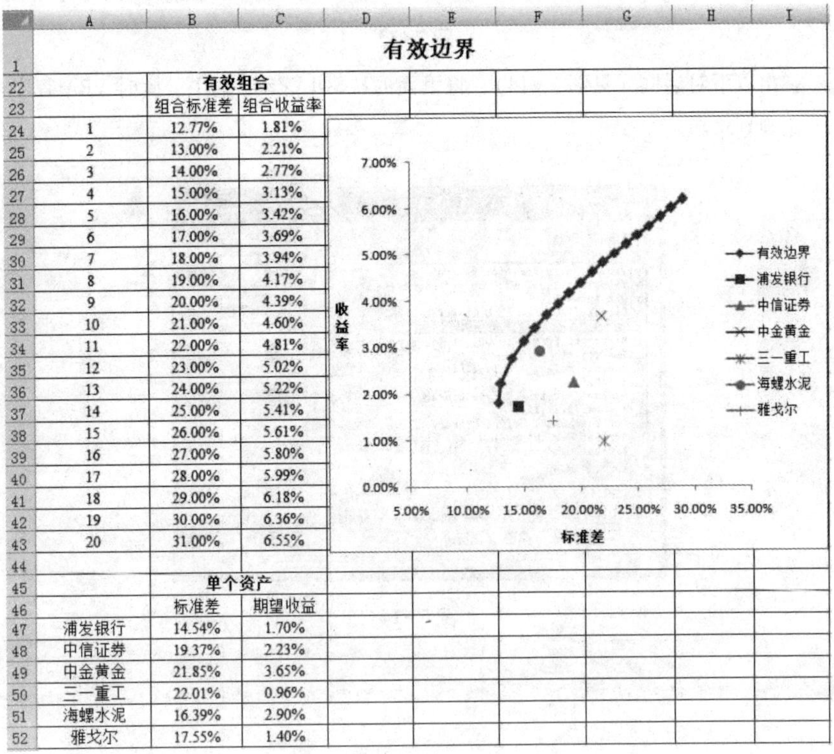
有效边界

	A	B	C
22		有效组合	
23		组合标准差	组合收益率
24	1	12.77%	1.81%
25	2	13.00%	2.21%
26	3	14.00%	2.77%
27	4	15.00%	3.13%
28	5	16.00%	3.42%
29	6	17.00%	3.69%
30	7	18.00%	3.94%
31	8	19.00%	4.17%
32	9	20.00%	4.39%
33	10	21.00%	4.60%
34	11	22.00%	4.81%
35	12	23.00%	5.02%
36	13	24.00%	5.22%
37	14	25.00%	5.41%
38	15	26.00%	5.61%
39	16	27.00%	5.80%
40	17	28.00%	5.99%
41	18	29.00%	6.18%
42	19	30.00%	6.36%
43	20	31.00%	6.55%
44			
45		单个资产	
46		标准差	期望收益
47	浦发银行	14.54%	1.70%
48	中信证券	19.37%	2.23%
49	中金黄金	21.85%	3.65%
50	三一重工	22.01%	0.96%
51	海螺水泥	16.39%	2.90%
52	雅戈尔	17.55%	1.40%

图 7-16

我们求出的 20 个有效组合的标准差和收益率放在单元格 B24：C43 中，我们可将其画成一个散点图，并将六只股票也画入散点图中。可以发现，这条有效边界与前面用重复规划求解计算出的有效边界形状类似，但是因为其标准差的变化步长为 1%，所以有效边界更平滑一些。另外，虽然程序设置标准差从 12%开始，但是因为最小方差组合的标准差为 12.77%，所以程序运行结果是从最小方差组合开始的。

7.3.1.5 利用公式求解有效边界

关于有效前沿边界有以下定理，其证明过程在本章附录中。

定理 1：令 c 为常数，我们用符号 $E(r)-c$ 表示下面的列向量：

$$E(r)-c=\begin{bmatrix} E(r_1)-c \\ E(r_2)-c \\ \vdots \\ E(r_N)-c \end{bmatrix}$$

令向量 z 为联立线性方程 $E(r)-c=Sz$ 的解，S 为方差——协方差矩阵，有：

$$z=S^{-1}(E(r)-c)$$

因为 S^{-1} 为 $N*N$ 的矩阵，$(E(r)-c)$ 为 $N*1$ 的矩阵，那么 z 为一个 $N*1$ 的矩阵。现对 z_i 进行归一化处理，得到新的矩阵 $x=\{x_1, x_2, \cdots, x_N\}$，有 $x_i=z_i/\sum_{i=1}^{N}z_i$。此时 x 为一个投资包络线上的组合。

定理 1 提出了一个寻找 x 的处理过程。如果 x 是任意一个包络线上的投资组合，那么这里存在常数 c 和向量 z 使之成立。

定理 2：根据布莱克（1972）首先证明的理论，任意两个包络线上的投资组合足以建立整条包络线，给出任意两个包络线上的投资组合 $x=\{x_1, x_2, \cdots, x_N\}$ 和 $y=\{y_1, y_2, \cdots, y_N\}$，所有的包络线上的投资组合都是 x 和 y 的组合。这意味着给出任意一个常数 a，该投资组合

$$ax+(1-a)y=\begin{bmatrix} ax_1+(1-a)y_1 \\ ax_2+(1-a)y_2 \\ \vdots \\ ax_N+(1-a)y_N \end{bmatrix}$$

是在有效前沿的包络线上的。

根据定理1和定理2，获得整条包络线的步骤如下：

第一步，给定两个不同的c，根据定理1，求解出两个包络线组合；

第二步，将两个包络线组合按照不同的权重组合在一起，获得整条包络线。

依然用6只股票的数据为例，它们的平均收益和方差——协方差矩阵如图7-17所示：

	A	B	C	D	E	F	G
1	有效边界						
2		期望收益					
3	浦发银行	1.70%					
4	中信证券	2.23%					
5	中金黄金	3.65%					
6	三一重工	0.96%					
7	海螺水泥	2.90%					
8	雅戈尔	1.40%					
9	方差——协方差矩阵						
10		浦发银行	中信证券	中金黄金	三一重工	海螺水泥	雅戈尔
11	浦发银行	2.11%	1.57%	0.97%	1.22%	1.54%	1.15%
12	中信证券	1.57%	3.75%	2.56%	1.94%	1.74%	2.17%
13	中金黄金	0.97%	2.56%	4.77%	1.13%	1.60%	1.74%
14	三一重工	1.22%	1.94%	1.13%	4.84%	1.96%	1.44%
15	海螺水泥	1.54%	1.74%	1.60%	1.96%	2.69%	1.73%
16	雅戈尔	1.15%	2.17%	1.74%	1.44%	1.73%	3.08%

图 7-17

首先给定$c=0$，求解出第一个包络线组合。我们首先求解出“期望收益 $-c$”向量，再利用MMULT函数求解出$z=S^{-1}(E(r)-c)$，其中函数MINVERSE是用来求解逆矩阵的，语法为“MINVERSE（矩阵1）”，求解出的结果为矩阵1的逆矩阵，与MMULT一样，它也是一个数组函数。然后再通过$x_i = z_i/\sum_{i=1}^{N} z_i$求解出第一个包络线组合的权重。当$c=0$时，包络线组合的权重为[6%，5%，51%，-29%，108%，-41%]，具体见图7-18。

	A	B	C	D	E	F	G	H
18	**常数c**	0.00%						
19					<-- {=MMULT(MINVERSE(B11:G16),B21:B26)}			
20		**期望收益-c**		z		**包络线组合1权重**		
21	浦发银行	1.70%	<-- =B3-$B$18	6%		6%	<-- =D21/SUM($D$21:$D$26)	
22	中信证券	2.23%		5%		5%	<-- =D22/SUM($D$21:$D$26)	
23	中金黄金	3.65%		56%		51%		
24	三一重工	0.96%		-32%		-29%		
25	海螺水泥	2.90%		120%		108%		
26	雅戈尔	1.40%		-45%		-41%		

图 7-18

再设置一个新的 c，比如 1%，计算出包络线组合 2，方法与 $c=0$ 时一致，结果如图 7-19 所示：

	A	B	C	D	E	F	G
28	**常数c**	1.00%					
29		**期望收益-c**		z		**包络线组合2权重**	
30	浦发银行	0.70%		-29%		-59%	
31	中信证券	1.23%		14%		29%	
32	中金黄金	2.65%		45%		92%	
33	三一重工	-0.04%		-40%		-82%	
34	海螺水泥	1.90%		120%		242%	
35	雅戈尔	0.40%		-60%		-122%	

图 7-19

现已计算出两个包络线组合的权重，下面需要计算出两个组合的收益、方差、标准差和协方差。比如，组合 1 的期望收益为 $W_1{}^TE(r_1)$，组合 1 的方差为 $W_1{}^TSW_1$，组合 1 和组合 2 的协方差为 $W_1{}^TSW_2$ 或 $W_2{}^TSW_1$，可用 MMULT 和 TRANSPOSE 函数计算（见图 7-20）。

	A	B	C	D	E	F	G	H
37		**期望收益**	**方差**	**协方差**				
38	有效组合1	4.35%	3.93%	6.79%	<-- {=MMULT(TRANSPOSE(F21:F26),MMULT(B11:G16,F30:F35))}			
39	有效组合2	7.51%	13.19%	<-- {=MMULT(TRANSPOSE(F30:F35),MMULT(B11:G16,F30:F35))}				
40			<-- {=MMULT(TRANSPOSE(B3:B8),F30:F35)}					
41	**包络线组合1的权重**	0.3						
42	**包络线组合2的权重**	0.7	<-- =1-B41					
43	**组合P的收益**	6.57%	<-- =B41*B38+B42*B39					
44	**组合P的方差**	9.67%	<-- =B41^2*C38+B42^2*C39+2*B41*B42*D38					
45	**组合P的标准差**	31.09%	<-- =SQRT(B44)					

图 7-20

只需要用这两个包络线组合来构成新的组合 P，P 也将是包络线组合。我们先赋予包络线组合 1 和组合 2 分别 0.3 和 0.7 的权重，计算出组合 P 的收益、方差和标准差。

然后运用模拟运算表变化组合 1 和 2 在组合 P 中的权重，如图 7-21 所示，我们将包络线组合 1 的权重从-0.5 变化至 1.5，步长为 0.1，对应的组合 P 的收益率和标准差放在单元格 B49 至 C69 中。我们将所有组合的标准差和收益率画成散点图，将得到由上述六只股票所构成的投资组合包络线。

	A	B	C
47		组合P的收益	组合P的标准差
48	包络线组合1的权重	6.57%	31.09%
49	-0.5	9.09%	45.24%
50	-0.4	8.78%	43.44%
51	-0.3	8.46%	41.64%
52	-0.2	8.15%	39.86%
53	-0.1	7.83%	38.08%
54	0	7.51%	36.31%
55	0.1	7.20%	34.56%
56	0.2	6.88%	32.82%
57	0.3	6.57%	31.09%
58	0.4	6.25%	29.38%
59	0.5	5.93%	27.70%
60	0.6	5.62%	26.05%
61	0.7	5.30%	24.42%
62	0.8	4.99%	22.84%
63	0.9	4.67%	21.31%
64	1	4.35%	19.83%
65	1.1	4.04%	18.43%
66	1.2	3.72%	17.13%
67	1.3	3.41%	15.93%
68	1.4	3.09%	14.89%
69	1.5	2.77%	14.01%
70			
71		单个资产	
72		标准差	期望收益
73	浦发银行	14.54%	1.70%
74	中信证券	19.37%	2.23%
75	中金黄金	21.85%	3.65%
76	三一重工	22.01%	0.96%
77	海螺水泥	16.39%	2.90%
78	雅戈尔	17.55%	1.40%

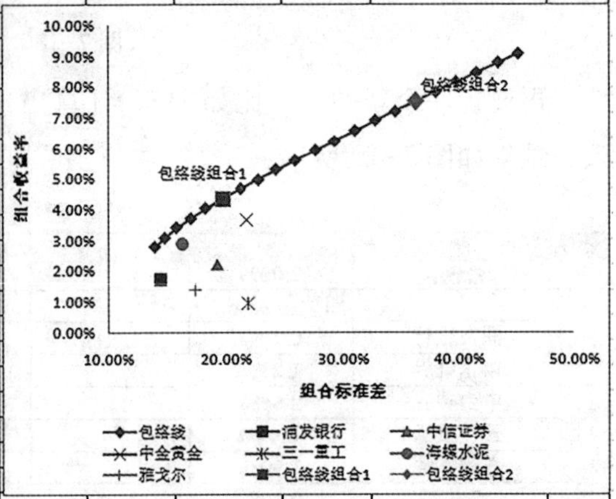

图 7-21

利用以上方法来计算投资的包络线，有以下几个问题值得注意：

第一，c 的精确取值与包络线的确定不相关，我们只需要找出两个包络线上的组合即可。在本例中，我们考虑了 $c=0$ 和 $c=1\%$ 两种情况。事实上，如果我们将两个常数 c 分别换成-0.5%和 1.2%，也能计算出投资组合的包络线。如图 7-22 所示：

	A	B	C	D	E	F	G	H	I
18	**常数c**	-0.50%							
19					<-- {=MMULT(MINVERSE(B11:G16),B21:B26)}				
20		**期望收益-c**		z		**包络线组合1权重**			
21	浦发银行	2.20%	<-- =B3-$B$18	24%		17%	<-- =D21/SUM($D$21:$D$26)		
22	中信证券	2.73%		1%		1%	<-- =D22/SUM($D$21:$D$26)		
23	中金黄金	4.15%		62%		44%			
24	三一重工	1.46%		-28%		-20%			
25	海螺水泥	3.40%		120%		85%			
26	雅戈尔	1.90%		-37%		-26%			
27									
28	**常数c**	1.20%							
29		**期望收益-c**		z		**包络线组合2权重**			
30	浦发银行	0.50%		-36%		-98%			
31	中信证券	1.03%		16%		43%			
32	中金黄金	2.45%		43%		116%			
33	三一重工	-0.24%		-42%		-113%			
34	海螺水泥	1.70%		120%		322%			
35	雅戈尔	0.20%		-63%		-170%			
36									
37		**期望收益**	**方差**	**协方差**					
38	有效组合1	3.80%	3.04%	7.00%	<-- {=MMULT(TRANSPOSE(F21:F26),MMULT(B11:G16,F30:F35))}				
39	有效组合2	9.40%	22.07%	<-- {=MMULT(TRANSPOSE(F30:F35),MMULT(B11:G16,F30:F35))}					
40			<-- {=MMULT(TRANSPOSE(B3:B8),F30:F35)}						
41	**包络线组合1的权重**	0.3							
42	**包络线组合2的权重**	0.7	<-- =1-B41						
43	**组合P的收益**	7.72%	<-- =B41*B38+B42*B39						
44	**组合P的方差**	14.03%	<-- =B41^2*C38+B42^2*C39+2*B41*B42*D38						
45	**组合P的标准差**	37.46%	<-- =SQRT(B44)						
46									
47		**组合P的收益**	**组合P的标准差**						
48	**包络线组合1的权重**	7.72%	37.46%						
49	-0.5	12.19%	63.18%						
50	-0.4	11.64%	59.92%						
51	-0.3	11.08%	56.66%						
52	-0.2	10.52%	53.42%						
53	-0.1	9.96%	50.19%						
54	0	9.40%	46.98%						
55	0.1	8.84%	43.78%						
56	0.2	8.28%	40.60%						
57	0.3	7.72%	37.46%						
58	0.4	7.16%	34.34%						
59	0.5	6.60%	31.27%						
60	0.6	6.04%	28.26%						
61	0.7	5.48%	25.34%						
62	0.8	4.92%	22.52%						
63	0.9	4.36%	19.87%						
64	1	3.80%	17.45%						
65	1.1	3.24%	15.37%						
66	1.2	2.68%	13.80%						
67	1.3	2.12%	12.91%						
68	1.4	1.56%	12.86%						
69	1.5	1.00%	13.64%						
70									
71		**单个资产**							
72		标准差	期望收益						
73	浦发银行	14.54%	1.70%						
74	中信证券	19.37%	2.23%						
75	中金黄金	21.85%	3.65%						
76	三一重工	22.01%	0.96%						
77	海螺水泥	16.39%	2.90%						
78	雅戈尔	17.55%	1.40%						

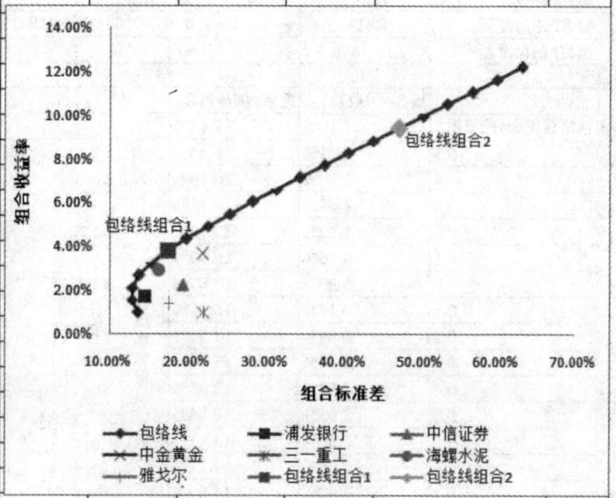

图 7-22

第二，当 c 的值变化时，我们可能计算出位于包络线上的但并非有效的组合。比如，如果我们将 c 设置为 0 和 4%，其中 $c=4\%$ 时所计算出的包络线组合就并非有效的。我们可以从图 7-23 明显看出，包络线组合 2 位于包络线的下半部分。在同样的标准差下，包络线上半部分的组合拥有更高的期望收益。因此，包络线组合 2 是无效组合。

	A	B	C	D	E	F	G	H	I
18	**常数c**	0.00%							
19					<-- {=MMULT(MINVERSE(B11:G16),B21:B26)}				
20		**期望收益-c**		z		**包络线组合1权重**			
21	浦发银行	1.70%	<-- =B3-$B$18	6%		6%	<-- =D21/SUM($D$21:$D$26)		
22	中信证券	2.23%		5%		5%	<-- =D22/SUM($D$21:$D$26)		
23	中金黄金	3.65%		56%		51%			
24	三一重工	0.96%		-32%		-29%			
25	海螺水泥	2.90%		120%		108%			
26	雅戈尔	1.40%		-45%		-41%			
27									
28	**常数c**	4.00%							
29		**期望收益-c**		z		**包络线组合2权重**			
30	浦发银行	-2.30%		-136%		101%			
31	中信证券	-1.77%		40%		-30%			
32	中金黄金	-0.35%		13%		-9%			
33	三一重工	-3.04%		-64%		48%			
34	海螺水泥	-1.10%		119%		-88%			
35	雅戈尔	-2.60%		-106%		79%			
36									
37		**期望收益**	**方差**	**协方差**					
38	有效组合1	4.35%	3.93%	-0.26%	<-- {=MMULT(TRANSPOSE(F21:F26),MMULT(B11:G16,F30:F35))}				
39	有效组合2	-0.29%	3.19%	<-- {=MMULT(TRANSPOSE(F30:F35),MMULT(B11:G16,F30:F35))}					
40			<-- {=MMULT(TRANSPOSE(B3:B8),F30:F35)}						
41	**包络线组合1的权重**	0.3							
42	**包络线组合2的权重**	0.7	<-- =1-B41						
43	**组合P的收益**	1.10%	<-- =B41*B38+B42*B39						
44	**组合P的方差**	1.81%	<-- =B41^2*C38+B42^2*C39+2*B41*B42*D38						
45	**组合P的标准差**	13.44%	<-- =SQRT(B44)						
46									
47		**组合P的收益**	**组合P的标准差**						
48	**包络线组合1的权重**	1.10%	13.44%						
49	-0.5	-2.61%	29.26%						
50	-0.4	-2.15%	26.79%						
51	-0.3	-1.68%	24.40%						
52	-0.2	-1.22%	22.09%						
53	-0.1	-0.76%	19.90%						
54	0	-0.29%	17.87%						
55	0.1	0.17%	16.05%						
56	0.2	0.64%	14.55%						
57	0.3	1.10%	13.44%						
58	0.4	1.57%	12.85%						
59	0.5	2.03%	12.84%						
60	0.6	2.50%	13.42%						
61	0.7	2.96%	14.51%						
62	0.8	3.42%	16.00%						
63	0.9	3.89%	17.81%						
64	1	4.35%	19.83%						
65	1.1	4.82%	22.02%						
66	1.2	5.28%	24.33%						
67	1.3	5.75%	26.72%						
68	1.4	6.21%	29.18%						
69	1.5	6.68%	31.69%						
70									
71		**单个资产**							
72		标准差	期望收益						
73	浦发银行	14.54%	1.70%						
74	中信证券	19.37%	2.23%						
75	中金黄金	21.85%	3.65%						
76	三一重工	22.01%	0.96%						
77	海螺水泥	16.39%	2.90%						
78	雅戈尔	17.55%	1.40%						

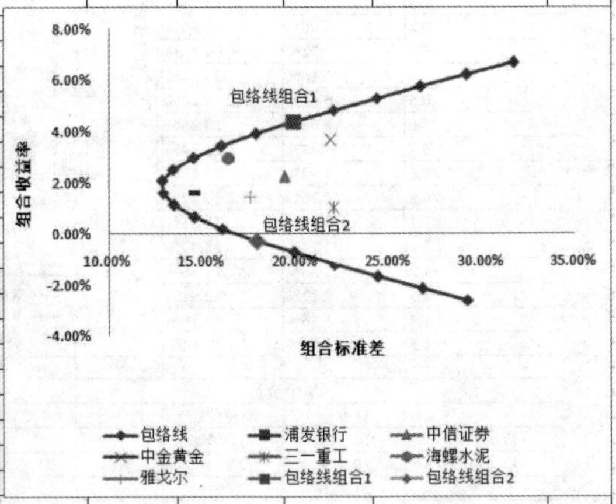

图 7-23

7.3.2　有卖空限制时

7.3.2.1 利用规划求解计算最小方差组合

仍以上述六只股票为例。在有卖空限制时求解最小方差组合，我们需要在“约束”里多添加一组约束，即所有的权重都必须大于等于 0（见图 7-24）。

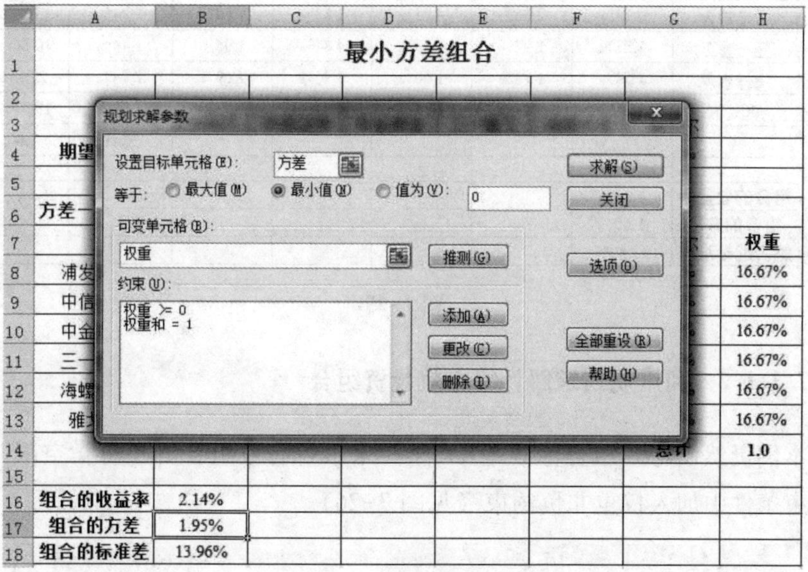

图 7-24

点击“求解”后得到有卖空限制条件下的最小方差组合，其权重向量为［53.62%，0%，13.27%，10.86%，2.32%，19.94%］（见图 7-25）。而在无卖空限制时的最小方差组合中，权重向量为［58.17%，-14.2%，17.69%，13.04%，0.47%，24.83%］，中信证券的权重为负。

	A	B	C	D	E	F	G	H
1	最小方差组合							
2								
3		浦发银行	中信证券	中金黄金	三一重工	海螺水泥	雅戈尔	
4	期望收益	1.70%	2.23%	3.65%	0.96%	2.90%	1.40%	
5								
6	方差——协方差矩阵							
7		浦发银行	中信证券	中金黄金	三一重工	海螺水泥	雅戈尔	权重
8	浦发银行	2.11%	1.57%	0.97%	1.22%	1.54%	1.15%	53.62%
9	中信证券	1.57%	3.75%	2.56%	1.94%	1.74%	2.17%	0.00%
10	中金黄金	0.97%	2.56%	4.77%	1.13%	1.60%	1.74%	13.27%
11	三一重工	1.22%	1.94%	1.13%	4.84%	1.96%	1.44%	10.86%
12	海螺水泥	1.54%	1.74%	1.60%	1.96%	2.69%	1.73%	2.32%
13	雅戈尔	1.15%	2.17%	1.74%	1.44%	1.73%	3.08%	19.94%
14							总计	1.0
15								
16	组合的收益率	1.85%						
17	组合的方差	1.66%						
18	组合的标准差	12.89%						

图 7-25

7.3.1.2 利用规划求解计算有效投资组合

本例仍然设定“组合标准差=15%”来求解有效组合。在有卖空限制时，在约束条件中加入权重非负约束（见图 7-26）。

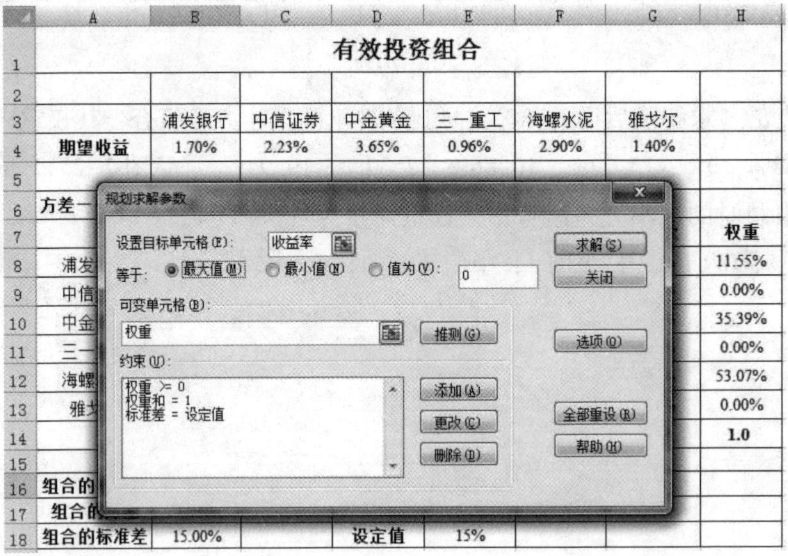

图 7-26

点击“求解”后得到“标准差=15%”时的有效组合，结果如图7-27所示：

	A	B	C	D	E	F	G	H
1	有效投资组合							
2								
3		浦发银行	中信证券	中金黄金	三一重工	海螺水泥	雅戈尔	
4	**期望收益**	1.70%	2.23%	3.65%	0.96%	2.90%	1.40%	
5								
6	**方差——协方差矩阵**							
7		浦发银行	中信证券	中金黄金	三一重工	海螺水泥	雅戈尔	**权重**
8	浦发银行	2.11%	1.57%	0.97%	1.22%	1.54%	1.15%	11.55%
9	中信证券	1.57%	3.75%	2.56%	1.94%	1.74%	2.17%	0.00%
10	中金黄金	0.97%	2.56%	4.77%	1.13%	1.60%	1.74%	35.39%
11	三一重工	1.22%	1.94%	1.13%	4.84%	1.96%	1.44%	0.00%
12	海螺水泥	1.54%	1.74%	1.60%	1.96%	2.69%	1.73%	53.07%
13	雅戈尔	1.15%	2.17%	1.74%	1.44%	1.73%	3.08%	0.00%
14							**总计**	**1.0**
15								
16	**组合的收益率**	3.03%						
17	**组合的方差**	2.25%						
18	**组合的标准差**	15.00%		**设定值**	15%			

图7-27

由上可知，在有卖空限制时，标准差为15%时的有效组合的权重向量为[11.55%，0%，35.39%，0%，53.07%，0%]，说明我们只持有浦发银行、中金黄金和海螺水泥三只股票，组合收益率为3.03%。但在无卖空限制时，标准差为15%的有效组合权重向量为[31%，-4.33%，34.77%，-8.86%，56.5%，-9.08%]，组合的收益率为3.13%。可以发现，在相同的标准差下，有卖空限制时的有效组合收益率小于无卖空限制时。这是因为在无卖空限制时，我们可以在更大的范围内寻找有效组合。

7.3.1.3　利用规划求解计算有效边界

本例遵循求解无卖空限制有效边界的方法，继续利用规划求解方法，求解出在有卖空限制下的情况。考虑到在有卖空限制时，不可能承担无限的风险，因为不能卖空低风险资产，买入高风险资产。此时，资产组合的收益率会有一个上限，我们先求解在卖空限制下，收益率最高的组合，这也是我们所能实现的最大方差组合（见图7-28）。

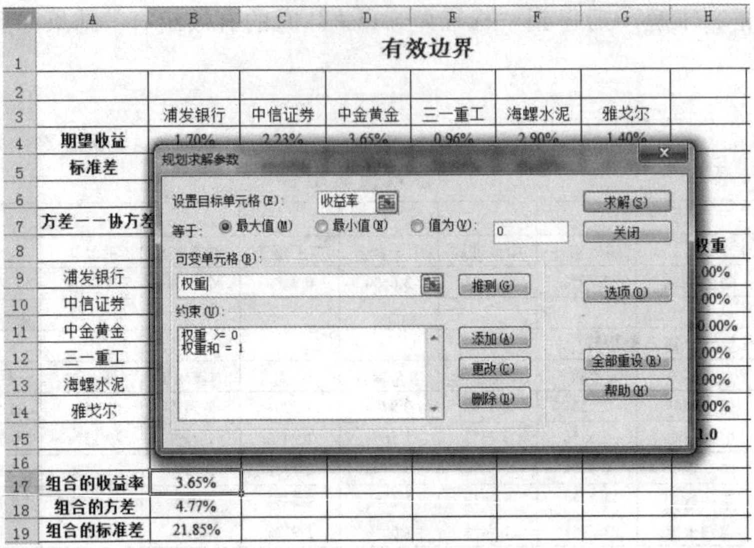

图 7-28

点击"求解"，求出在有卖空限制时，最大收益率组合的权重向量为［0，0，100%，0，0，0］，即将所有资金都投资于中金黄金。此时，组合的标准差为 21.85%，收益率为 3.65%。这说明，在有限制的条件下，不可能投资于标准差高于 21.85%的资产（见图 7-29）。

	A	B	C	D	E	F	G	H
1	有效边界							
2								
3		浦发银行	中信证券	中金黄金	三一重工	海螺水泥	雅戈尔	
4	**期望收益**	1.70%	2.23%	3.65%	0.96%	2.90%	1.40%	
5	**标准差**	14.54%	19.37%	21.85%	22.01%	16.39%	17.55%	
6								
7	**方差——协方差矩阵**							
8		浦发银行	中信证券	中金黄金	三一重工	海螺水泥	雅戈尔	**权重**
9	浦发银行	2.11%	1.57%	0.97%	1.22%	1.54%	1.15%	0.00%
10	中信证券	1.57%	3.75%	2.56%	1.94%	1.74%	2.17%	0.00%
11	中金黄金	0.97%	2.56%	4.77%	1.13%	1.60%	1.74%	100.00%
12	三一重工	1.22%	1.94%	1.13%	4.84%	1.96%	1.44%	0.00%
13	海螺水泥	1.54%	1.74%	1.60%	1.96%	2.69%	1.73%	0.00%
14	雅戈尔	1.15%	2.17%	1.74%	1.44%	1.73%	3.08%	0.00%
15							**总计**	**1.0**
16								
17	**组合的收益率**	3.65%						
18	**组合的方差**	4.77%						
19	**组合的标准差**	21.85%						

图 7-29

因此，有效边界的标准差应该在最小方差组合和最大收益率组合之间，即12.89%～21.85%。为了描述出有效边界，我们分别计算当标准差为13%、15%、17%、19%和21%时的有效组合。我们将设定的标准差的值放在单元格B25：B29中，将有效组合的收益率放在单元格C25：C29中。经过五次规划求解，我们求出在卖空限制下，有效边界如图7-30所示：

	A	B	C
22		有效组合	
23		组合标准差	组合收益率
24	最小方差组合	12.89%	1.85%
25		13.00%	2.13%
26		15.00%	3.03%
27		17.00%	3.34%
28		19.00%	3.49%
29		21.00%	3.60%
30	最大收益率组合	21.85%	3.65%
31			
32			
33			
34		单个资产	
35		标准差	期望收益
36	浦发银行	14.54%	1.70%
37	中信证券	19.37%	2.23%
38	中金黄金	21.85%	3.65%
39	三一重工	22.01%	0.96%
40	海螺水泥	16.39%	2.90%
41	雅戈尔	17.55%	1.40%

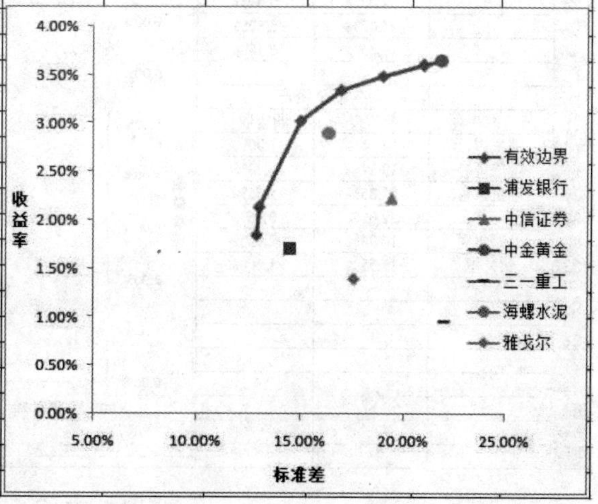

图 7-30

我们也可以利用VBA程序来计算有卖空限制时的有效前沿，方法与无卖空限制时一致。唯一的区别在于，在设置规划求解参数时，需加上“所有权重非负”的约束。具体操作略。

7.3.3 有卖空限制和无卖空限制时的对比

从图7-31中可以得出以下结论：

第一，无卖空限制时的有效边界比有卖空限制时要长，即可选择的组合更多；

第二，在相同的风险下，有卖空限制的有效组合的收益率更低；

第三，随着收益率上升，有卖空限制和无卖空限制的有效边界偏离越大。

无卖空限制和有卖空限制时的有效边界对比				
	有效组合			
	无卖空限制		有卖空限制	
	组合标准差	组合收益率	组合标准差	组合收益率
最小方差组合	12.77%	1.81%	12.89%	1.85%
	13.00%	2.21%	13.00%	2.13%
	15.00%	3.13%	15.00%	3.03%
	17.00%	3.69%	17.00%	3.34%
	19.00%	4.17%	19.00%	3.49%
	21.00%	4.60%	21.00%	3.60%
	23.00%	5.02%	21.85%	3.65%
	25.00%	5.41%		
	27.00%	5.80%		
	29.00%	6.18%		
	单个资产			
	标准差	期望收益		
浦发银行	14.54%	1.70%		
中信证券	19.37%	2.23%		
中金黄金	21.85%	3.65%		
三一重工	22.01%	0.96%		
海螺水泥	16.39%	2.90%		
雅戈尔	17.55%	1.40%		

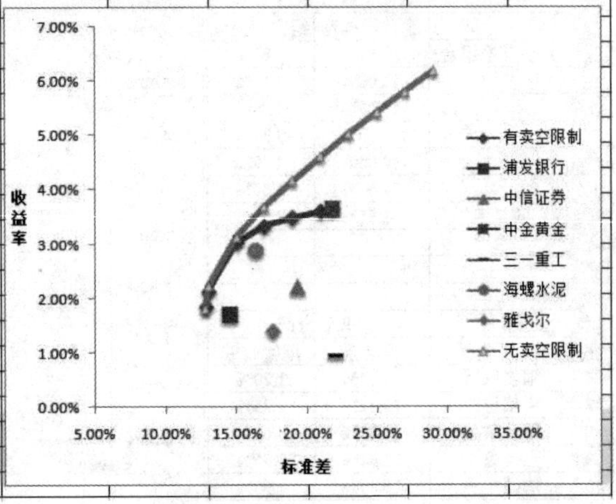

图 7-31

7.4 小结

本实验分别介绍了在无卖空限制和有卖空限制时，如何利用 Excel 求解最小方差组合、有效投资组合和有效前沿边界。所用方法主要为规划求解，也包含 VBA 程序以及公式等。最后，本实验还比较了有无卖空限制时有效前沿的区别。

习题

已知以下 6 个企业的方差——协方差矩阵以及收益率数据如表 7-4 所示：

表 7-4

6 家公司的数据							
方差-协方差矩阵	La - Z - Boy	Kimball	Flexsteel	Leggett	Miller	Shaw	期望收益率
La-Z-Boy	0. 1152	0. 0398	0. 1792	0. 0492	0. 0568	0. 0989	29. 24%
Kimball	0. 0398	0. 0649	0. 0447	0. 0062	0. 0349	0. 0269	20. 68%
Flexsteel	0. 1792	0. 0447	0. 3334	0. 0775	0. 0886	0. 1487	25. 02%
Leggett	0. 0492	0. 0062	0. 0775	0. 1033	0. 0191	0. 0597	31. 64%
Miller	0. 0568	0. 0349	0. 0886	0. 0191	0. 0594	0. 0243	15. 34%
Shaw	0. 0989	0. 0269	0. 1487	0. 0597	0. 0243	0. 1653	43. 87%

（1）计算无卖空限制时任一有效投资组合。

（2）计算无卖空限制时的有效前沿。

（3）计算有卖空限制时任一有效投资组合。

（4）计算有卖空限制时的有效前沿。

（5）比较有卖空限制和无卖空限制时的有效前沿。

参考书目

[1]Simon Benninga. 财务金融建模——用 Excel 工具(第五版)[M]. 邵建利,等,译. 上海:格致出版社,2015.

[2]Zvi Bodie, Alex Kane, Alan J. Marcus. 投资学(第九版)[M]. 汪昌云,张永冀,等,译.北京:机械工业出版社,2012.

附录

定理 1：令 c 为常数，用列向量 R 表示平均收益，当且仅当投资组合 x 是下列方程组的标准解时，x 才落在由 N 个风险资产组成的包络线上。

$$R - c = Sz$$

$$x_i = z_i / \sum_{i=1}^{N} z_i$$

证明：一个投资组合 x，当且仅当它位于与 y 轴上 c 点到可行集合的切线上时，它才会落在投资组合的可行集和包络线上，这样一个投资组合必定具有

最大或最小的比例 $x(R-c)/\sigma^2(x)$，这里 $x(R-c)$ 是 x 与预期超额收益(相对于 c) 的向量乘积，$\sigma^2(x)$ 是该投资组合的方差。设这个比例的最大(或最小值) 为 λ，那么我们的投资组合必须满足

$$\frac{x(R-c)}{\sigma^2(x)} \Rightarrow x(R-c)=\sigma^2(x)\lambda = xSx^T\lambda$$

设 h 是一个特定的资产，而且把 x_h 与这个最后表达式区分开来得出 $R_h-c=Sx^T\lambda$，我们可以看到一个投资组合只有当它是方程 $R-c=Sz$ 的解时才有效，记为 $z_h=\lambda x_h$。将 z 标准化后，就得到了 x_h。

定理 2：任意两个包络线上投资组合的凸组合是在可行集合包络线上。

证明：让 x 和 y 是包络线上的两个投资组合。根据定理1，它应该有两个向量 z_x 和 z_y 以及两个常数 c_x 和 c_y。

x 为向量 z_x 的标准化向量，即 $x_i=z_{x_i}/\sum_{i=1}^{N} z_{x_i}$；$y$ 为向量 z_y 的标准化向量，即 $y_i=z_{y_i}/\sum_{i=1}^{N} z_{y_i}$。有 $R-c_x=Sz_x$ 以及 $R-c_y=Sz_y$。因为 z 使得 $\frac{z(R-c)}{\sigma^2(z)}$ 的值最大，所以任何标准化后的 z 也能使得这个比例最大化。不失一般性，我们能确定 z 的总和为1。所以，对于任何的实数 a，投资组合 $az_x+(1-a)z_y$ 都是方程 $R-(ac_x+(1-a)c_y)=Sz$ 的解。

资本资产定价模型

8.1 实验目的

通过收集资本市场的数据，对 CAPM 模型进行检验，包括估算 β 值，以及确定证券市场线的方程。

8.2 理论要点

资本资产定价模型（capital asset pricing model，简称为 CAPM 模型）是由美国斯坦福大学 William Sharpe 教授（1964）和哈佛大学 Lintner 教授（1965）分别提出的。该模型首次以定量化数学模型的形式描述了资产收益和市场风险之间的线性正相关关系。

资本资产定价模型如下式所示：

$$E(r_i) = r_f + \beta_i(E(r_M) - r_f), \quad \beta_i = \frac{\mathrm{Cov}(r_i, r_M)}{\sigma_M^2}$$

上式被称为证券市场线（security market line，简称 SML），个体资产的收益率可以由其确定。其中，M 为市场投资组合——即以价值为权重的所有风险资产的投资组合，β 系数衡量个别资产的系统性风险。

资本资产定价模型认为，市场均衡下，单个证券的期望收益率 $E(r_i)$ 等于无风险资产收益率和它的风险溢价之和，风险溢价又是两个部分之积：一部分是贝塔系数 β_i，另一部分是市场的风险溢价（$E(r_M) - r_f$）。

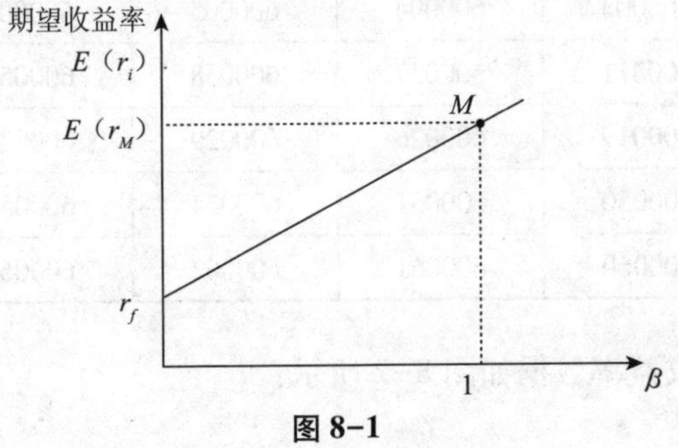

图 8-1

图 8-1 中，确定SML线只需要两个点，其一为SML线与Y轴的交点（即无风险利率r_f），其二为市场组合点（该点的横坐标为$\beta_M=1$，纵坐标为市场组合的预期收益率$E(r_M)$）。证券市场线的斜率是市场的风险溢价（$E(r_m)-r_f$），代表对每单位的不可分散风险的回报率。投资者整体风险厌恶程度越高，市场风险的溢价要求就越高，证券市场线也就越陡峭。

检验证券市场线步骤如下：

第一步，收集一组风险资产的收益率数据。

第二步，确定市场投资组合 M。原则上，"真正"的市场投资组合应该包含市场中所有的风险资产，并以市值为权重。因为要计算理论上的投资组合是非常困难，甚至不可能的，因此我们必须寻找替代品。一般选择市值加权指数作为 M 的替代。

第三步，计算每个资产的β值，公式如下$\beta_i=\dfrac{\text{Cov}(r_i,r_M)}{\sigma_M^2}$，这被称为第一次回归。

第四步，用资产的平均收益对资产各自的β值回归，这被称为第二次回归，其回归结果就是证券市场线。

$$\bar{r_i}=\gamma_0+\gamma_1\beta_i$$

8.3 实验过程

8.3.1 使用风险资产收益率和市场组合收益率来验证 CAPM 模型

本实验收集了以下 30 只股票 2003 年 1 月至 2007 年 12 月总计 60 个月的股票收益率数据，以及上证综合指数在该时间段的收益率数据（见表 8-1）。

表 8-1

600001	600003	600004	600005	600006	600008
600009	600011	600037	600038	600057	600058
600012	600019	600026	600029	600031	600033
600039	600050	600051	600054	600055	600056
600059	600060	600061	600062	600063	600066

部分股票的收益率数据如图 8-2 所示：

	A	B	C	D	E	F	G	H	I	J	K
1	资本资产定价模型检验										
2	日期	上证综合指数	600001	600003	600004	600005	600006	600008	600009	600011	600012
3	2003-01	9.49%	8.62%	6.65%	50.68%	8.33%	-7.28%	7.32%	7.57%	7.65%	142.73%
4	2003-02	0.92%	0.92%	2.08%	4.18%	0.18%	-1.57%	1.24%	2.38%	-3.47%	-0.75%
5	2003-03	-1.02%	-2.01%	0.20%	-5.85%	-2.19%	-1.74%	-1.75%	7.79%	11.97%	-0.75%
50	2006-12	15.82%	7.13%	3.23%	3.69%	39.47%	8.42%	7.28%	12.62%	13.56%	22.35%
51	2007-01	18.92%	30.50%	15.63%	25.25%	31.60%	24.22%	8.35%	35.33%	12.71%	6.97%
52	2007-02	9.01%	15.64%	33.60%	13.06%	2.03%	31.50%	17.50%	-1.95%	14.86%	4.56%
53	2007-03	11.99%	-2.89%	16.59%	11.31%	6.32%	22.43%	20.49%	-2.87%	5.03%	20.32%
54	2007-04	29.11%	23.47%	53.08%	8.33%	20.81%	26.24%	45.46%	43.41%	49.49%	-5.39%
55	2007-05	8.43%	-2.03%	-0.38%	0.25%	6.02%	6.64%	17.46%	6.64%	7.70%	-13.91%
56	2007-06	-8.34%	-16.30%	-26.10%	-5.19%	-10.92%	-23.41%	-23.16%	1.99%	-22.03%	12.61%
57	2007-07	19.09%	9.26%	5.12%	-2.74%	25.65%	23.04%	17.88%	8.13%	17.80%	10.39%
58	2007-08	16.71%	21.26%	13.96%	0.11%	33.70%	12.67%	43.49%	2.38%	13.05%	1.06%
59	2007-09	4.43%	5.21%	-6.98%	13.34%	4.56%	7.94%	-5.23%	-6.03%	21.90%	-10.04%
60	2007-10	-0.87%	-8.00%	-11.94%	-11.77%	-2.60%	-16.96%	-0.33%	-9.14%	-15.10%	-8.26%
61	2007-11	-14.02%	-14.93%	-6.43%	-1.84%	-16.56%	-9.47%	-11.36%	-9.13%	-14.88%	16.86%
62	2007-12	13.92%	16.69%	15.43%	-23.01%	37.19%	17.80%	30.94%	15.34%	17.79%	-13.02%

图 8-2

首先进行第一次回归，估计每只股票的 α，β 和 R^2，所用函数为 Intercept，Slope 和 Rsq。结果如图 8-3 所示：

	A	B	C	D	E	F	G	H	I	J	K
1	资本资产定价模型检验										
2	日期	上证综合指数	600001	600003	600004	600005	600006	600008	600009	600011	600012
3	2003-01	9.49%	8.62%	6.65%	50.68%	8.33%	-7.28%	7.32%	7.57%	7.65%	142.73%
4	2003-02	0.92%	0.92%	2.08%	4.18%	0.18%	-1.57%	1.24%	2.38%	-3.47%	-0.75%
5	2003-03	-1.02%	-2.01%	0.20%	-5.85%	-2.19%	-1.74%	-1.75%	7.79%	11.97%	-0.75%
50	2006-12	15.82%	7.13%	3.23%	3.69%	39.47%	8.42%	7.28%	12.62%	13.56%	22.35%
51	2007-01	18.92%	30.50%	15.63%	25.25%	31.60%	24.22%	8.35%	35.33%	12.71%	6.97%
52	2007-02	9.01%	15.64%	33.60%	13.06%	2.03%	31.50%	17.50%	-1.95%	14.86%	4.56%
53	2007-03	11.99%	-2.89%	16.59%	11.31%	6.32%	22.43%	20.49%	-2.87%	5.03%	20.32%
54	2007-04	29.11%	23.47%	53.08%	8.33%	20.81%	26.24%	45.46%	43.41%	49.49%	-5.39%
55	2007-05	8.43%	-2.03%	-0.38%	0.25%	6.02%	6.64%	17.46%	6.64%	7.70%	-13.91%
56	2007-06	-8.34%	-16.30%	-26.10%	-5.19%	-10.92%	-23.41%	-23.16%	1.99%	-22.03%	12.61%
57	2007-07	19.09%	9.26%	5.12%	-2.74%	25.65%	23.04%	17.88%	8.13%	17.80%	10.39%
58	2007-08	16.71%	21.26%	13.96%	0.11%	33.70%	12.67%	43.49%	2.38%	13.05%	1.06%
59	2007-09	4.43%	5.21%	-6.98%	13.34%	4.56%	7.94%	-5.23%	-6.03%	21.90%	-10.04%
60	2007-10	-0.87%	-8.00%	-11.94%	-11.77%	-2.60%	-16.96%	-0.33%	-9.14%	-15.10%	-8.26%
61	2007-11	-14.02%	-14.93%	-6.43%	-1.84%	-16.56%	-9.47%	-11.36%	-9.13%	-14.88%	16.86%
62	2007-12	13.92%	16.69%	15.43%	-23.01%	37.19%	17.80%	30.94%	15.34%	17.79%	-13.02%
63											
64				<-- =INTERCEPT(C3:C62,$B$3:$B$62)							
65	第一次回归				<-- =AVERAGE(C3:C62)						
66	平均月超额收益		2.56%	1.65%	2.36%	5.53%	1.57%	3.66%	3.75%	2.91%	3.96%
67	α		-0.0010	-0.0128	0.0179	0.0245	-0.0158	0.0050	0.0188	0.0017	0.0323
68	β		0.9567	1.0527	0.2036	1.1070	1.1324	1.1376	0.6722	0.9865	0.2634
69	R^2		43.80%	61.42%	2.67%	43.02%	63.67%	65.01%	35.68%	53.78%	1.29%
70					<-- =SLOPE(C3:C62,$B$3:$B$62)						
71				<-- =RSQ(C3:C62,$B$3:$B$62)							

图 8-3

在图 8-4 中，为了计算出 30 只股票的月平均超额收益、α，β 和 R^2，我们可以先计算出第一只股票 600001 的相关数据，然后将其中关于因为变量市场组合的收益率进行绝对引用，表现为：$B$3：$B$62，然后通过拖曳的方式复制公式。对 B3：B62 加绝对引用的原因在于任何一只股票的收益率都是对 $B$3：$B$62 的市场组合收益率进行回归。

在单元格中键入希腊字母

如果想在单元格中键入 α，β，μ，σ 等。我们首先在单元格中输入它们对应的英文字母，再将英文字母的字体变成“Symbol”格式。每个希腊字母对应的英文字母如下：

希腊字母

a	*b*	*c*	*d*	*e*	*f*	*g*
α	β	χ	δ	ε	ϕ	γ
h	*i*	*j*	*k*	*l*	*m*	*n*
η	ι	φ	κ	λ	μ	ν
o	*p*	*q*	*r*	*s*	*t*	*u*
o	π	θ	ρ	σ	τ	υ
v	*w*	*x*	*y*	*z*		
ϖ	ω	ξ	ψ	ζ		

上标和下标

如果想在单元格中输入 R^2，首先输入 $R2$，然后选择“2”，再点击“开始”中的“字体”，在“特殊效果”中选择“上标”。输入下标的方式相同。

假设历史数据为我们提供了一个未来收益分布的准确描述，SML 假定每只股票的平均收益应该和 β 值呈线性关系，$\bar{r}_i = \gamma_0 + \gamma_1\beta_i$。我们将通过第二步回归，即用每只股票的月平均收益对其 β 值回归，来检验此假设。我们采用了两种回归方法，一是利用函数 intercept，slope 和 Rsq，另一种是使用数组函数 linest，后者除了报告截距项和斜率项估计系数之外，还会报告斜率标准差等指标。我们可以用“系数/标准差”计算出斜率系数和截距项系数的 t 统计量。

	A	B	C	D	E	F	G	H	I
1					资本资产定价模型检验				
2									
3		平均月收益	β						
4	600001	2.56%	0.9567						
5	600003	1.65%	1.0527						
6	600004	2.36%	0.2036		第二次回归				
7	600005	5.53%	1.1070						
8	600006	1.57%	1.1324		γ_0	0.0312	<-- =INTERCEPT(B4:B33,C4:C33)		
9	600008	3.66%	1.1376		γ_1	0.0015	<-- =SLOPE(B4:B33,C4:C33)		
10	600009	3.75%	0.6722		R^2	0.22%	<-- =RSQ(B4:B33,C4:C33)		
11	600011	2.91%	0.9865						
12	600012	3.96%	0.2634						
13	600019	3.74%	0.8769						
14	600026	4.66%	0.8053			斜率项γ_1	截距项γ_0		
15	600029	3.10%	0.1813		斜率系数	0.0015	0.0312	截距系数	
16	600031	5.44%	0.0897		斜率标准差	0.0062	0.0055	截距标准差	
17	600033	2.43%	0.6368		R平方	0.22%	0.0116	Y的标准差	
18	600037	3.75%	0.8647		F统计量	0.0618	28	自由度	
19	600038	2.42%	0.4621		SSR	0.000008	0.0038	SSE	
20	600039	2.42%	0.4057						
21	600050	3.60%	0.6449		t-统计量	0.2485	5.6665	<-- =G15/G16	
22	600051	1.81%	0.8646						
23	600054	3.84%	0.7304						
24	600055	2.68%	1.1839						
25	600056	3.72%	1.3475						
26	600057	0.62%	0.6113						
27	600058	4.88%	1.2894						
28	600059	3.11%	1.0969						
29	600060	2.18%	0.7935						
30	600061	3.28%	1.1144						
31	600062	3.45%	0.9373						
32	600063	3.66%	1.3459						
33	600066	4.59%	0.8179						

图 8-4

图 8-4 中回归结果表明 SML 的形式如下：

$$E(r_i) = 0.0312 + 0.0015\beta_i$$

从以上回归结果可以发现，SML 并没有说服力，R^2 仅为 0.22%，说明 β 对 $E(r_i)$ 的解释力度只有 0.22%，非常低。另外，斜率系数的 t 统计量为 0.2485，至少在 10%的水平上与 0 无显著差异，也说明 β 与 $E(r_i)$ 没有显著关系。这说明，我们所收集的数据并不支持资本资产定价模型。

可能有以下原因：一是 CAPM 模型虽然在理论上很完美，但是它可能并不成立。二是市场上存在卖空限制，这与中国市场的实际情况相符合。因为 CAPM 模型的前提是市场上不存在卖空限制。而在有卖空限制时，资产的收益率和其 β 之间的关系比较复杂，此时 SML 极可能不成立。三是每个资产的概率估计并不一致，市场上不具有一致预期。四是我们所选择的市场组合 M 可能并不是有效组合。

除了以上结论之外，我们发现对于单个资产而言，上证综合指数具有一定的解释力度。特别是对于其中的某些资产，第一次回归的 R 平方高达 60%。大部分资产的 R 方都在 30%以上（见图 8-5）。

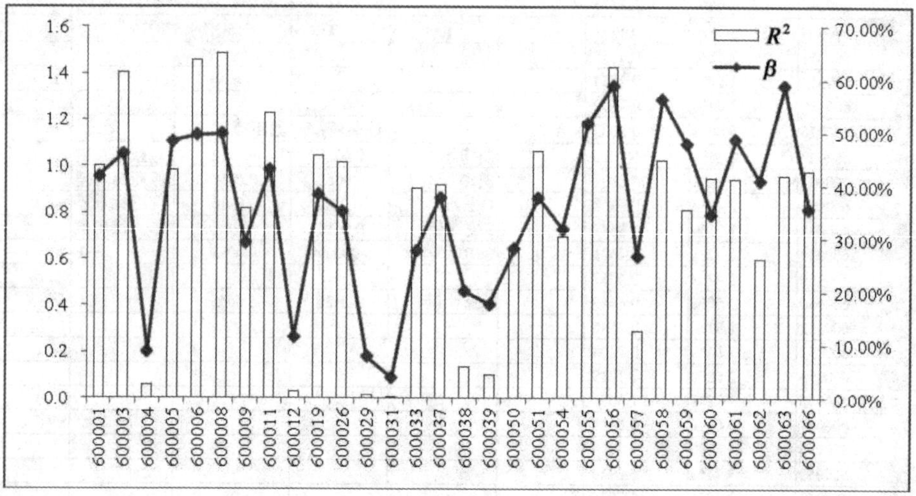

图 8-5

8.3.2 使用超额收益验证 CAPM 模型

在上述数据的基础上，我们再收集 2003 年 1 月至 2007 年 12 月的一年期定期存款利率，将其调节成月利率，作为月无风险收益率。先计算出每只股票的月超额收益和月市场超额收益率，计算公式为 $E(r_{i,t}) - r_{f,t}$ 和 $r_{M,t} - r_{f,t}$。部分超额收益数据和第一次回归结果如图 8-6 所示：

	A	B	C	D	E	F	G	H	I	J	K
1	资本资产定价模型检验（超额收益）										
2	日期	上证综合指数	600001	600003	600004	600005	600006	600008	600009	600011	600012
3	2003-01	9.32%	-0.87%	-1.97%	44.03%	-42.35%	-15.62%	14.60%	0.25%	0.08%	135.08%
4	2003-02	0.75%	0.00%	1.16%	2.10%	-3.99%	-1.75%	2.81%	1.14%	-5.85%	2.72%
5	2003-03	-1.18%	-0.99%	2.21%	-6.05%	3.66%	0.45%	-0.01%	9.54%	4.18%	-12.72%
50	2006-12	15.61%	-8.70%	-3.90%	0.46%	35.78%	-31.06%	-1.14%	5.34%	0.94%	8.80%
51	2007-01	18.71%	11.59%	-14.88%	9.63%	6.35%	-7.38%	-15.88%	26.98%	-22.61%	-5.74%
52	2007-02	8.80%	6.63%	17.96%	-20.54%	-11.03%	29.47%	-14.00%	-19.45%	16.81%	-10.29%
53	2007-03	11.78%	-14.87%	19.48%	-5.28%	-4.99%	16.11%	-1.94%	-23.36%	7.90%	15.29%
54	2007-04	28.88%	-5.64%	29.60%	-44.74%	12.48%	5.43%	19.22%	-2.05%	6.07%	-54.88%
55	2007-05	8.20%	-10.46%	1.65%	0.63%	5.77%	0.63%	10.82%	-10.82%	1.07%	-21.61%
56	2007-06	-8.59%	-7.96%	-9.80%	20.92%	-5.73%	-12.49%	0.26%	25.14%	-24.01%	34.64%
57	2007-07	18.83%	-9.83%	-4.14%	-7.85%	28.38%	-2.60%	-5.16%	-9.75%	9.67%	-7.42%
58	2007-08	16.68%	4.56%	-7.30%	-13.85%	33.59%	-21.03%	30.82%	-41.11%	10.67%	-12.00%
59	2007-09	4.13%	0.78%	-12.19%	20.32%	-8.79%	3.38%	-13.17%	-0.80%	27.94%	-31.95%
60	2007-10	-0.90%	-7.13%	-3.95%	0.17%	9.17%	-14.35%	16.63%	-8.81%	-5.96%	6.84%
61	2007-11	-14.05%	-0.92%	8.50%	4.60%	-14.72%	7.09%	-1.88%	2.22%	-5.74%	31.73%
62	2007-12	13.89%	2.77%	-1.26%	-38.43%	60.19%	-19.39%	13.14%	-15.60%	2.45%	-30.81%
63											
64				<-- =INTERCEPT(C3:C62,$B$3:$B$62)							
65	第一次回归				<-- =AVERAGE(C3:C62)						
66	平均月超额收益		-0.22%	-0.91%	0.71%	3.17%	-3.96%	2.09%	0.09%	-0.83%	1.05%
67	α		-0.0011	-0.0116	0.0293	0.0081	-0.0402	0.0207	0.0131	-0.0165	0.0293
68	β		-0.0428	0.0962	-0.8526	0.9074	0.0241	0.0075	-0.4682	0.3142	-0.7230
69	R^2		0.16%	0.57%	26.43%	20.56%	0.02%	0.01%	12.71%	8.35%	7.48%
70					<-- =SLOPE(C3:C62,$B$3:$B$62)						
71				<-- =RSQ(C3:C62,$B$3:$B$62)							

图 8-6

第二次回归结果如图 8-7 所示。从回归结果中可以看出，当采用超额收益数据之后，CAPM 模型的 R 平方提高至 5.87%，说明 β 对 $E(r_i)$ 的解释力度有 5.87%，SML 的说服力有所提高，但仍然不够。另外，斜率系数的 t 统计量为 1.3110，在 10%的水平上与 0 无显著差异，也说明 β 与 $E(r_i)$ 没有显著关系。因此，超额收益率数据也不支持资本资产定价模型。

那么，以上实证结论是否说明 CAPM 模型完全无用了呢？事实上，CAPM 模型仍是如何选择投资组合的一个好的规范性描述。一个足够分散化的投资组合的平均 β 值是该投资组合风险的一个合理衡量标准。

	A	B	C	D	E	F	G	H	I
1	资本资产定价模型检验（超额收益）								
2									
3		平均月收益	β						
4	600001	-0.22%	-0.0428						
5	600003	-0.91%	0.0962						
6	600004	0.71%	-0.8526		第二次回归				
7	600005	3.17%	0.9074						
8	600006	-3.96%	0.0241		γ_0	0.0007	<-- =INTERCEPT(B4:B33,C4:C33)		
9	600008	2.09%	0.0075		γ_1	0.0100	<-- =SLOPE(B4:B33,C4:C33)		
10	600009	0.09%	-0.4682		R^2	5.78%	<-- =RSQ(B4:B33,C4:C33)		
11	600011	-0.83%	0.3142						
12	600012	1.05%	-0.7230						
13	600019	-0.22%	0.6149						
14	600026	0.92%	-0.0725			斜率项γ_1	截距项γ_0		
15	600029	-1.56%	-0.6270		斜率系数	0.0100	0.0007	截距系数	
16	600031	2.34%	-0.0911		斜率标准差	0.0076	0.0033	截距标准差	
17	600033	-3.01%	0.5500		R平方	5.78%	0.0183	Y的标准差	
18	600037	1.32%	0.2277		F统计量	1.7188	28	自由度	
19	600038	-1.34%	-0.4014		SSR	0.000576	0.0094	SSE	
20	600039	0.01%	-0.0610						
21	600050	1.18%	0.2424		t-统计量	1.3110	0.1989	<-- =G15/G16	
22	600051	-1.79%	0.2201						
23	600054	2.03%	-0.1355						
24	600055	-1.16%	0.4544						
25	600056	1.04%	0.1637						
26	600057	-3.10%	-0.7354						
27	600058	4.26%	0.6755						
28	600059	-1.77%	-0.1920						
29	600060	-0.94%	-0.3023						
30	600061	1.10%	0.3219						
31	600062	0.17%	-0.1773						
32	600063	0.21%	0.4054						
33	600066	0.93%	-0.5270						

图 8-7

8.4 小结

本实验介绍如何在 Excel 中检验资本资产定价模型是否有效。通过收集 30 只上交所股票 60 个月的股票收益率信息、上证综合指数的收益率和无风险收益率信息，分别采用原始收益率数据和超额收益率数据检验了 CAPM 模型，发现模型的有效程度并不高。

习题

收集任意 30 只股票的月度收益率数据和市场指数的收益率数据，重复实验过程：

（1）第一步回归，用每只股票的收益率对市场指数收益率进行回归，估计回归式的斜率、截距、R 平方以及系数的 t 统计量；

(2) 第二步回归，用每只股票的月度平均收益率对它们的β进行回归，得到 SML 方程。对以上回归结果进行分析。

参考书目

[1]Simon Benninga. 财务金融建模——用 Excel 工具(第五版)[M]. 邵建利,等,译. 上海:格致出版社,2015.

[2]曾庆芬. 公司金融[M]. 北京:中国经济出版社,2014.

[3]Stephen A. Ross, Randolph W. Westerfield, Jeffrey F. Jaffe. 公司理财[M]. 吴民农,沈艺峰,王志强,等,译. 北京:机械工业出版社,2009.

[4]Zvi Bodie, Alex Kane, Alan J. Marcus. 投资学(第九版)[M]. 汪昌云,张永冀,等,译.北京:机械工业出版社,2012.

实验九

资本成本

9.1 实验目的

了解权益成本、债权成本和加权平均资本成本的计算方法。

9.2 理论要点

资本成本是企业获得资金使用权需要付出的代价。公司的资金来源一般地说既包括债务资本，也包括权益资本。我们用加权平均资本成本（WACC）来衡量企业的总体资本成本。WACC 在财务中主要应用于两个方面：一是用于企业的估值，当对一家企业的自由现金流（FCF）贴现时，一般选择 WACC 作为折现率；二是 WACC 还可作为企业项目的适当风险调整折现率。这要求项目的风险与企业的现金流平均风险一致。此时，WACC 被当作企业最低的预期资本回报率。WACC 的计算公式如下：

$$WACC = \frac{E}{E+D}r_E + \frac{D}{E+D}r_D(1-T_C)$$

其中，r_E 为权益资本成本，r_D 为债权资本成本，E 为企业权益的市场价值，D 为企业负债的市场价值，T_C 是企业的公司税率。从上式可以看出 WACC 是企业的权益成本和负债成本的加权平均数，其权重由权益和负债的市场价值占企业资本总市值的比例决定。

为了获得公司所有投资人要求的报酬率信息，我们需先了解债务资本成本、权益资本成本等个别资本成本的估算方法，并以此作为估计公司资本成本或项目资本成本的基础。

9.2.1 权益成本的计算

计算普通股成本主要有两种：股利增长模型和 CAPM 模型。

9.2.1.1 股利增长模型计算权益成本

（1）戈登股利模型。股利增长模型认为股票的价值应等于其未来预期股利现金流的现值，该未来预期股利是按适当的风险调整权益成本来折现的。戈登股利模型最简单的应用是预期未来股利按照固定比率增长。假设当前的股价为 P_0，当前的股利为 D_0，未来股利增长率为 g 。戈登模型将说明当前股票价格等于未来股利（在适当的权益成本 r_E 上）的贴现：

$$P_0 = \frac{D_0(1+g)}{1+r_E} + \frac{D_0(1+g)^2}{(1+r_E)^2} + \cdots$$

$$= \sum_{t=1}^{\infty} \frac{D_0(1+g)^t}{(1+r_E)^t}$$

当 $r_E > g$ 时，有 $P_0 = \frac{D_0(1+g)}{r_E - g}$。对其变换将得到权益成本的表达式：

$$r_E = \frac{D_0(1+g)}{P_0} + g$$

关于 g 的估计方法有三种选择：

一是直接预测公司未来若干年的股利增长率。如果某公司预计的下年股利收益率为4%，而预计未来5年的年增长速度为7%，则公司权益资本成本可定为11%。显然，这种方法很有挑战性，因为面对未来的预测有很大的困难。

二是根据过去股利支付数据的平均水平衡量未来的股利增长率。显然，这是次优选择，且数据容易获得。股利增长率可以按几何平均数计算，也可以按照算术平均数计算。但我们知道，由于股利折现模型的增长率是一个长期的平均增长率，而几何平均数要小于算术平均数，采用几何平均数可能更符合实际的增长。

三是利用目前的财务数据计算可持续增长率，作为未来股利增长率的估计。公司在平衡融资策略下的增长速度被认为是可以持续的，可持续增长率的高低取决于ROE和留存比率的高低，即：

$$可持续增长率\ g = ROE \times b$$

其中，b 表示留存比率，ROE表示股权回报率。利用利润表和资产负债表很容易找到这两个指标，计算出可持续增长率，作为公司未来股利增长率。

股利增长模型法简单，适用于派发股利稳定增长的公司。该方法的缺点在于没有考虑风险，而我们已经强调，资本成本大小由资金运用的风险决定。

（2）对所有权益现金流账户的调整戈登模型。上文所述的方法是以每股股利为基准来计算权益成本，其实暗含了一个假设，即权益现金流只包含股利。但事实上，并非如此。为了获得真实的权益成本，我们应该将戈登股利模型扩展至所有的权益现金流。

除了股利之外，企业的权益现金流至少还应该包括两大部分：一是股票回购，当企业进行股票回购时，股东也会收到现金流；二是股票发行，股票发行对于股东而言是一项负的现金流，因为是一项支出。

假设当期的权益流为 E_0，未来现金流增长率为 g，当前的权益市场价值为 EV_0，假设 $r_E > g$，那么戈登模型如下：

$$EV_0 = \frac{E_0(1+g)}{r_E - g}$$

$$r_E = \frac{E_0(1+g)}{EV_0} + g$$

（3）两阶段股利增长模型。普通的戈登模型都假设 $r_E > g$，但对于一些处于高速发展期的企业，它们的股利增长速度在短期内很可能高于权益成本，而在更长的时期内，股利增长率会小于权益成本。

现假设公司的股利在未来 m 期之内按较高的比率 g_1 增长，而在随后的时期内以相对较低的比率 g_2 增长，那么对于股票的当前价值有以下公式：

$$P_0 = \frac{D_0(1+g_1)}{1+r_E} + \frac{D_0(1+g_1)^2}{(1+r_E)^2} + \cdots + \frac{D_0(1+g_1)^m}{(1+r_E)^m} + \frac{D_0(1+g_1)^m(1+g_2)}{(1+r_E)^{m+1}} + \cdots$$

$$= \sum_{t=1}^{m} \frac{D_0(1+g_1)^t}{(1+r_E)^t} + \sum_{t=m+1}^{\infty} \frac{D_m(1+g_2)^t}{(1+r_E)^t}$$

$$= \sum_{t=1}^{m} \frac{D_0(1+g_1)^t}{(1+r_E)^t} + \frac{1}{(1+r_E)^m}\sum_{t=1}^{\infty} \frac{D_m(1+g_2)^t}{(1+r_E)^t}$$

$$= \frac{D_0 \frac{1+g_1}{1+r_E}\left[1-\left(\frac{1+g_1}{1+r_E}\right)^m\right]}{1-\frac{1+g_1}{1+r_E}} + \frac{1}{(1+r_E)^m}\frac{D_0(1+g_1)^m(1+g_2)}{r_E - g_2}$$

从上式中反解出 r_E 来，即为股利两阶段增长时的权益成本。

9.2.1.2 CAPM 模型计算权益成本

CAPM 模型提供了资产定价的一种方法，因为考虑了资金运用的风险，被广泛运用于权益资本成本的估计。传统的 CAPM 模型的公式如下：

$$E(r_E)=r_f+\beta(E(r_M)-r_f)$$

其中 $E(r_E)$ 为权益成本，r_f 为无风险利率，$E(r_M)$ 是市场组合的预期收益率，β 是公司的风险度量。

因此，要通过 CAPM 模型计算权益成本，首先需要计算出该股票的 β，计算公式如下：

$$\beta=\frac{\mathrm{Cov}(r_i,r_M)}{\sigma_M^2}$$

或利用以下回归式来求解 β：

$$r_{i,t}=\alpha+\beta_i r_{M,t}+\varepsilon_t$$

在估计出 β 后，我们将其值与 r_f、$E(r_M)$ 带入 CAPM 模型，即可估算出股票的权益成本。

除了传统的资本资产定价模型之外，还有一些发展的 CAPM 模型，比如税收调整的 CAPM 模型。传统的 CAPM 模型不考虑税收，而本尼卡和撒里格（1997）提出了在经济活动中对边际公司税率调整的 SML。如果用 T_C 表示公司税率，该税收调整的 SML 为：

$$E(r_E)=r_f(1-T_C)+\beta[E(r_M)-r_f(1-T_C)]$$

由上式可以看出，被税收调整后的 SML 相对于传统的 SML，其区别在于用 $r_f(1-T_C)$ 代替了 r_f，截距项更小，而斜率更高。

9.2.2 债权成本的计算

在实践中，负债成本 r_D 的计算往往比权益成本更复杂，企业主要采用以下两种方法来计算负债成本。

一是将用公司现存负债的平均成本来近似替代负债成本。这种方法比较简单，但存在一个问题，就是将历史的负债成本与预期的负债成本相混淆。

二是使用同等风险的公司债券的收益率来替代负债成本。如果一家企业的信用级别为 A 级，且其负债大多为中期负债，那么我们可以使用 A 级中期债券的平均收益来作为企业的负债成本。这种方法相对比较复杂，因为债券的收益为承诺的到期收益，而负债成本为企业负债的期望收益。由于违约风险的存在，承诺的到期收益一般要高于期望收益。

9.3 实验过程

9.3.1 权益成本的计算

9.3.1.1 戈登股利模型

要利用股利增长模型来计算权益成本，首先需要计算出股利增长率。现有 K 企业 1996 年第二季度至 2006 年第二季度总计 40 期的股利数据。我们采用历史股利数据的平均水平衡量未来的股利增长率。计算公式如下：

$$D_0\ (1+g)^t = D_t$$

$$g = \left(\frac{D_t}{D_0}\right)^{\frac{1}{t}} - 1$$

因为上述股利增长率为每期增长率，即每季度的增长率。但是我们要求的是每年的权益成本，因此需将每季度的增长率调整成每年的增长率，公式如下：

$$g' = (1+g)^4 - 1$$

	A	B	C
1	戈登股利模型		
2			
3	日期	股利	
4	1996/5/29	0.195	
5	1996/8/28	0.210	
27	2002/2/28	0.253	
28	2002/5/29	0.253	
29	2002/8/28	0.253	
30	2002/11/26	0.253	
31	2003/2/27	0.253	
32	2003/5/28	0.253	
33	2003/8/27	0.253	
34	2003/11/25	0.253	
35	2004/3/2	0.253	
36	2004/5/27	0.253	
37	2004/8/27	0.253	
38	2004/11/23	0.253	
39	2005/2/25	0.253	
40	2005/5/27	0.253	
41	2005/8/30	0.278	
42	2005/11/29	0.278	
43	2006/2/27	0.278	
44	2006/5/30	0.278	
45			
46	股利增长率，每季计算		
47	过去5年	0.47%	<-- =(B44/B24)^(1/20)-1
48	过去10年	0.89%	<-- =(B44/B4)^(1/40)-1
49			
50	股利增长率，按年计算		
51	过去5年	1.90%	<-- =(1+B47)^4-1
52	过去10年	3.61%	<-- =(1+B48)^4-1

图 9-1

我们可以利用过去 5 年 20 个季度的股利数据来计算股利增长率，也可以利用过去 10 年 40 个季度的股利数据来计算增长率。计算结果（图 9-1）显示，过去 5 年和 10 年的季度股利增长率分别为 0.47%、0.89%。如果将其调整为年度的股利增长率，则分别为 1.9%和 3.61%。

在计算出每年的股利增长率后，我们需要知道当期的股票价格以及当期的股利，运用公式 $r_E = \frac{D_0(1+g)}{P_0} + g$ 来计算权益成本。根据已知信息，2006 年第二季度的股利为 0.278，这是最近一期的股利，但该股利是季度股利，我们需先将其调整成年度的当期股利，与年度股利增长率相适应，结果放在单元格 B56 中（见图 9-2）：

	A	B	C
1	戈登股利模型		
2			
55	当前股票价格P_0	50	
56	当前的股利D_0	1.112	<-- =B44*4
57	股利增长率g		
58	过去5年	1.90%	<-- =B51
59	过去10年	3.61%	<-- =B52
60			
61	权益成本		
62	利用过去5年的股利增长率	4.169%	<-- =B56*(1+B58)/B55+B58
63	利用过去10年的股利增长率	5.914%	<-- =B56*(1+B59)/B55+B59

图 9-2

9.3.1.2 对所有权益现金流账户的调整戈登模型

现有 J 企业 1995—2005 年总计 10 年的权益现金流数据，包括股利发放和股票回购和股票发行带来的现金流。其中新股发行对于股东而言是现金流流出，与发放股利和普通股回购的现金流方向相反。首先利用公式“权益现金流=股利+普通股回购+发行新股”计算出该企业每年的权益现金流。再利用该数据计算出权益现金流的增长率，为 16.59%。企业权益的当前总市值 EV_0 = 当前股票价格 * 股份数，当前的权益现金流 E_0 为 4814，即最近一期 2005 年年末的值。

得出以上变量后，可利用公式 $r_E = E_0(1+g)/EV_0 + g$ 计算出权益成本，具体见图 9-3。

	A	B	C	D	E	F
1	对所有权益现金流账户的调整戈登模型					
2						
3	年末	股利	普通股回购	发行新股	权益现金流	
4	1995/12/31	827	322	-112	1,037	<-- =SUM(B4:D4)
5	1996/12/31	974	412	-149	1,237	
6	1997/12/31	1,137	628	-225	1,540	
7	1998/12/31	1,305	930	-269	1,966	
8	1999/12/31	1,479	840	-221	2,098	
9	2000/12/31	1,724	973	-387	2,310	
10	2001/12/31	2,047	2,570	-514	4,103	
11	2002/12/31	2,381	6,538	-390	8,529	
12	2003/12/31	2,746	1,183	-311	3,618	
13	2004/12/31	3,251	1,384	-642	3,993	
14	2005/12/31	3,793	1,717	-696	4,814	
15						
16						
17	当前股票价格	50				
18	当前股份数	300				
19	权益市场价值EV_0	15,000	<-- =B17*B18			
20						
21	当前的权益现金流E_0	4,814	<-- =E14			
22	权益现金流增长率g	16.59%	<-- =(E14/E4)^(1/10)-1			
23						
24	戈登权益成本	54.01%	<-- =B21*(1+B22)/B19+B22			

图 9-3

9.3.1.3 两阶段股利增长模型

现已知 M 企业的如下信息，包括当期股利，两阶段的股利增长率，第一阶段持续年数以及当期股票价格，要求计算权益成本（见图 9-4）。

	A	B	C
1	两阶段股利增长模型		
2			
3	当前的股利，D_0	7	
4	股利增长率，g_1	35%	
5	股利增长率，g_2	8%	
6	第一阶段年数，m	5	
7	当前股票价格，P_0	100	
8			
9	**权益成本**	**26%**	

图 9-4

步骤如下：

第一步，先利用股利增长信息，将预期股利计算出（见图 9-5）。

	A	B	C
1	**两阶段股利增长模型**		
11	**年**	**预期股利**	
12	1	9.45	<-- =B3*(1+B4)
13	2	12.76	<-- =B12*(1+$B$4)
14	3	17.22	<-- =B13*(1+$B$4)
15	4	23.25	<-- =B14*(1+$B$4)
16	5	31.39	<-- =B15*(1+$B$4)
17	6	33.90	<-- =B16*(1+$B$5)
18	7	36.61	<-- =B17*(1+$B$5)
19	8	39.54	<-- =B18*(1+$B$5)
20	9	42.70	<-- =B19*(1+$B$5)
21	10	46.12	<-- =B20*(1+$B$5)
22	等	等	
23			
24	预期股利现值	**100.00**	<-- =NPV(B9,B12:B16)+B17/(B9-B5)/(1+B9)^B6

图 9-5

第二步，给“权益成本”设置一个初始值，如 15%，计算出所有预期股利的现值。因为股利是分两个阶段增长的，第一阶段为 5 年，第二阶段为第 6 年至永久。因此，我们用 NPV 函数计算前面五期的现值，用永续年金的现值公式计算后面无穷期的股利现值（见图 9-6）。

	A	B	C
1	**两阶段股利增长模型**		
2			
9	**权益成本**	**15%**	
10			
11	**年**	**预期股利**	
12	1	9.45	<-- =B3*(1+B4)
13	2	12.76	<-- =B12*(1+$B$4)
14	3	17.22	<-- =B13*(1+$B$4)
15	4	23.25	<-- =B14*(1+$B$4)
16	5	31.39	<-- =B15*(1+$B$4)
17	6	33.90	<-- =B16*(1+$B$5)
18	7	36.61	<-- =B17*(1+$B$5)
19	8	39.54	<-- =B18*(1+$B$5)
20	9	42.70	<-- =B19*(1+$B$5)
21	10	46.12	<-- =B20*(1+$B$5)
22	等	等	
23			
24	预期股利现值	**298.86**	<-- =NPV(B9,B12:B16)+B17/(B9-B5)/(1+B9)^B6

图 9-6

第三步，利用“单变量求解”，令“预期股利现值”等于“当前股票价格”，来反解权益成本。结果如图 9-7 所示。当预期股利现值等于当前股票价格 100 时，权益成本应为 26%。

	A	B	C
1	两阶段股利增长模型		
2			
3	当前的股利，D_0	7	
4	股利增长率，g_1	35%	
5	股利增长率，g_2	8%	
6	第一阶段年数，m	5	
7	当前股票价格，P_0	100	
8			
9	**权益成本**	**26%**	
10			
11	**年**	**预期股利**	
12	1	9.45	<-- =B3*(1+B4)
13	2	12.76	<-- =B12*(1+$B$4)
14	3	17.22	<-- =B13*(1+$B$4)
15	4	23.25	<-- =B14*(1+$B$4)
16	5	31.39	<-- =B15*(1+$B$4)
17	6	33.90	<-- =B16*(1+$B$5)
18	7	36.61	<-- =B17*(1+$B$5)
19	8	39.54	<-- =B18*(1+$B$5)
20	9	42.70	<-- =B19*(1+$B$5)
21	10	46.12	<-- =B20*(1+$B$5)
22	等	等	
23			
24	预期股利现值	**100.00**	<-- =NPV(B9,B12:B16)+B17/(B9-B5)/(1+B9)^B6

图 9-7

9.3.1.4 CAPM 模型

(1) 求解β

要通过 CAPM 模型计算权益成本，首先需要计算出该股票的β，计算公式如下：

现收集了邯郸钢铁和上证综合指数从 2003 年 1 月至 2007 年 12 月总计 60 个月的收益率数据，其中上证综合指数用来代替市场投资组合收益率。

首先，我们利用以上数据来计算β。方法有多种，一是利用公式来计算：

$$\beta = \frac{\mathrm{Cov}(r_i, r_M)}{\sigma_M^2}$$

二是通过回归以下模型来计算：

$$r_{i,t} = \alpha + \beta_i r_{M,t} + \varepsilon_t$$

回归的方法也有多种，一是利用函数 slope 可以估计出回归式的斜率系数，即β，二是利用数据分析中的回归可以计算出更多的回归参数。

图 9-8 展示的是利用公式和 slope 函数估计出β的过程。

	A	B	C	D	E	F	G	H	I
1					计算β				
2									
3	日期	上证综合指数	邯郸钢铁						
4	2003-01	9.49%	8.62%		运用公式				
5	2003-02	0.92%	0.92%		0.9567	<-- =COVAR(B4:B63,C4:C63)/VARP(B4:B63)			
6	2003-03	-1.02%	-2.01%						
7	2003-04	-0.92%	1.68%		运用slope函数				
8	2003-05	3.99%	0.73%		0.9567	<-- =SLOPE(C4:C63,B4:B63)			
9	2003-06	-5.92%	0.18%						
10	2003-07	-0.92%	0.36%						
55	2007-04	29.11%	23.47%						
56	2007-05	8.43%	-2.03%						
57	2007-06	-8.34%	-16.30%						
58	2007-07	19.09%	9.26%						
59	2007-08	16.71%	21.26%						
60	2007-09	4.43%	5.21%						
61	2007-10	-0.87%	-8.00%						
62	2007-11	-14.02%	-14.93%						
63	2007-12	13.92%	16.69%						

图 9-8

下面展示的是利用“数据分析”中的“回归”计算出 β 的过程。首先点击“数据”，在“分析”中点击“数据分析”，再选择“回归”。将“上证综合指数”的收益率数据输入 x 变量的对话框，将“邯郸钢铁”收益率数据输入 y 变量的对话框，并选择将结果输出在单元格 A66 中，结果如图 9-9 所示：（其中单元格 B83 中展示了回归式里上证综合指数，即市场投资组合收益率前的系数，也就是 β）

	A	B	C	D	E	F	G	H	I
65	运用数据分析的回归								
66	SUMMARY OUTPUT								
67									
68	回归统计								
69	Multiple R	0.66181							
70	R Square	0.43800							
71	Adjusted R S	0.42831							
72	标准误差	0.09339							
73	观测值	60							
74									
75	方差分析								
76		df	SS	MS	F	Significance F			
77	回归分析	1	0.39421	0.39421	45.20215	0.00000			
78	残差	58	0.50583	0.00872					
79	总计	59	0.90004						
80									
81		Coefficients	标准误差	t Stat	P-value	Lower 95%	Upper 95%	下限 95.0%	上限 95.0%
82	Intercept	-0.00098	0.01269	-0.07699	0.93890	-0.02638	0.02442	-0.02638	0.02442
83	上证综合指数	**0.95665**	0.14229	6.72325	0.00000	0.67183	1.24148	0.67183	1.24148

图 9-9

（2）计算 $E(r_M)$

在计算出 β 后，无风险利率可以从市场上获取，此时我们需要计算期望的市场组合收益率 $E(r_M)$。常用方法之一是使用主要市场指数的历史平均收益来近似。在本例中，使用上证综合指数的历史平均值来代替 $E(r_M)$，计算结果为 2.78%（见图 9-10）。

	A	B	C
1	计算E(rm)		
2			
3	E(rm)	2.78%	<-- =AVERAGE(B6:B65)
4			
5	日期	上证综合指数	
6	2003-01	9.49%	
7	2003-02	0.92%	
8	2003-03	-1.02%	
9	2003-04	-0.92%	
10	2003-05	3.99%	
11	2003-06	-5.92%	
12	2003-07	-0.92%	
57	2007-04	29.11%	
58	2007-05	8.43%	
59	2007-06	-8.34%	
60	2007-07	19.09%	
61	2007-08	16.71%	
62	2007-09	4.43%	
63	2007-10	-0.87%	
64	2007-11	-14.02%	
65	2007-12	13.92%	

图 9-10

（3）利用 CAPM 模型计算权益成本

①利用传统的 CAPM 模型。已知无风险利率为 4.93%，计算出邯郸钢铁的权益成本为 2.87%（见图 9-11）。

	A	B	C	D
1	传统的CAPM模型计算权益成本			
2				
3	邯郸钢铁的β	0.9567		
4	无风险利率，rf	4.93%		
5	期望市场收益率，E(rm)	2.78%		
6	邯郸钢铁权益成本，rE	2.87%	<-- =B4+(B5-B4)*B3	

图 9-11

②利用税收调整后的 CAPM 模型。已知税率为 35%，利用税收调整后的 CAPM 模型计算权益成本的结果如（见图 9-12）。

	A	B	C	D
1	税收调整的CAPM模型计算权益成本			
2				
3	邯郸钢铁的β	0.9567		
4	无风险利率，r_f	4.93%		
5	期望市场收益率，$E(r_m)$	2.78%		
6	税率，T_C	35%		
7	邯郸钢铁权益成本，r_E	2.80%	<-- =B4*(1-B6)+(B5-B4*(1-B6))*B3	

图 9-12

9.3.2 负债成本的计算

9.3.2.1 平均负债成本

平均负债成本可以用企业财务报表中的数据计算出来，如下例（图9-13）所示。

计算平均负债成本时要注意以下几点：一是要把全部的有息负债都计算在内，包括长期负债和短期负债。二是现金及等价物应该为“负的负债”，应该从负债中扣除。但是这种处理方式是默认了企业会用所有的现金来偿还负债。但事实上，企业并不一定会选择将所有的现金来偿还负债，此时需要比较两种方式下的成本差异。

	A	B	C	D	E
1	平均负债成本				
2		2005/12/31	2004/12/31		
3	现金和现金等价物	316	282		
4					
5	短期借款	805	1,818		
6	长期负债	8,475	9,723		
7					
8	利息	636	666		
9					
10	净负债	8,964	11,259	<-- =SUM(C5:C6)-C3	
11	**净负债成本**	**6.29%**	<-- =B8/AVERAGE(B10:C10)		
12					
13	负债合计	9,280	11,541		
14	利息	679	633		
15					
16	**利息成本**	**6.52%**	<-- =B14/AVERAGE(B13:C13)		

图 9-13

9.3.2.2 债券信用等级调整的收益率

根据 K 企业的财务报表，我们知道该企业在 2006 年 8 月的信用等级为

BBB 级。为了获得 K 企业的债权成本，我们收集了另外 424 家信用等级同为 BBB 的企业的债券信息，部分信息如图 9-14 所示：

	A	B	C	D	E	F	G	H	I
1	债券信用等级调整的收益率								
2									
3	债券编号	价格	息票率(%)	到期时间	YTM(%)	当期收益率(%)	信用评级	是否赎回	到期年限
4	1	100.29	2.75	2007/3/15	2.24%	2.742	BBB	No	0.59
5	2	104.75	9.875	2007/3/15	1.62%	9.427	BBB	No	0.59
6	3	102.35	6.125	2007/3/15	2.03%	5.984	BBB	No	0.59
7	4	102.35	6.35	2007/4/1	2.53%	6.204	BBB	No	0.64
419	416	94.47	5.25	2015/10/1	6.05%	5.557	BBB	No	9.15
420	417	112.59	7.6	2015/10/11	5.81%	6.75	BBB	No	9.17
421	418	95.92	5.375	2015/10/15	5.96%	5.604	BBB	No	9.18
422	419	106.33	6.875	2015/10/15	5.97%	6.466	BBB	No	9.18
423	420	99.4	5.85	2015/11/15	5.93%	5.886	BBB	No	9.27
424	421	100.5	6.5	2016/6/1	6.43%	6.468	BBB	No	9.81
425	422	102.12	7.25	2016/6/15	6.95%	7.099	BBB	No	9.85
426	423	102.83	6.5	2016/6/15	6.11%	6.321	BBB	No	9.85
427	424	113.86	7.65	2016/8/15	5.80%	6.719	BBB	No	10.02

图 9-14

我们要通过以上的债券信息找出到期年限与到期收益率 YTM 之间的关系，首先，我们将这两组变量画散点图，其中 YTM 为 *Y* 轴，到期年限为 *X* 轴。通过散点图来观察两个变量之间的关系，再选择适合的模型来拟合。

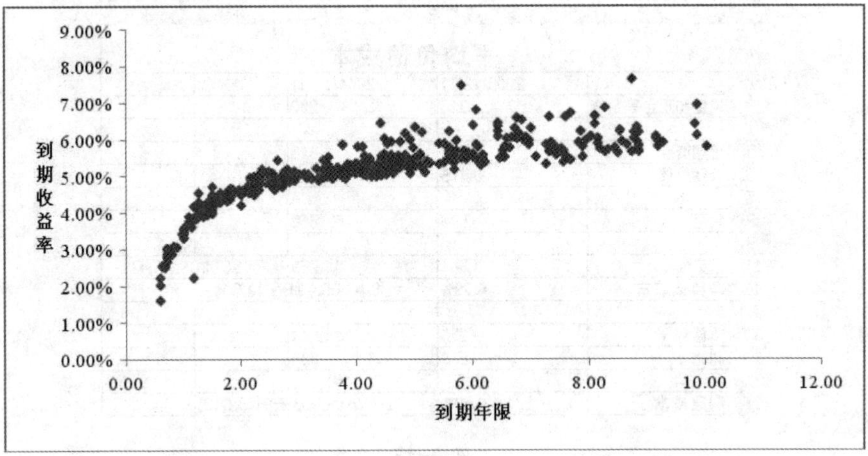

图 9-15

从图 9-15 可以观察出，到期收益率和到期年限之间并非线性关系，我们用多项式来拟合其关系。此时，选中数据点，点击右键，选择“添加趋势线”

（见图 9-16）。

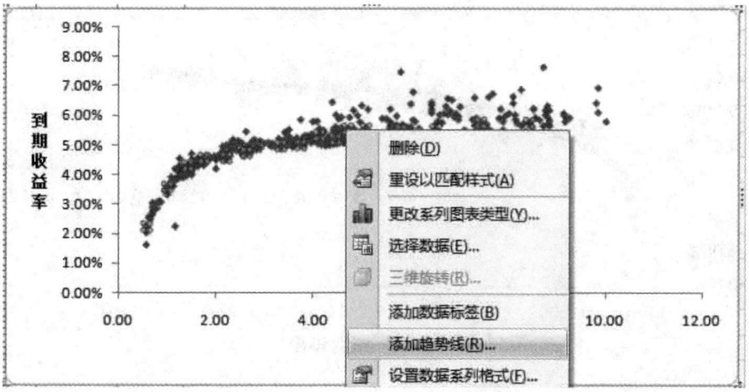

图 9-16

在弹出的对话框中，选中“多项式”，在“顺序”里输入“3”，这决定了我们用的三次多项式来拟合二者的关系。然后，在对话框下方选中“显示公式”和“显示 *R* 平方值”。我们可以在“顺序”里输入不同的值，通过比较 *R* 平方值来判断最后选择几次多项式（见图 9-17）。

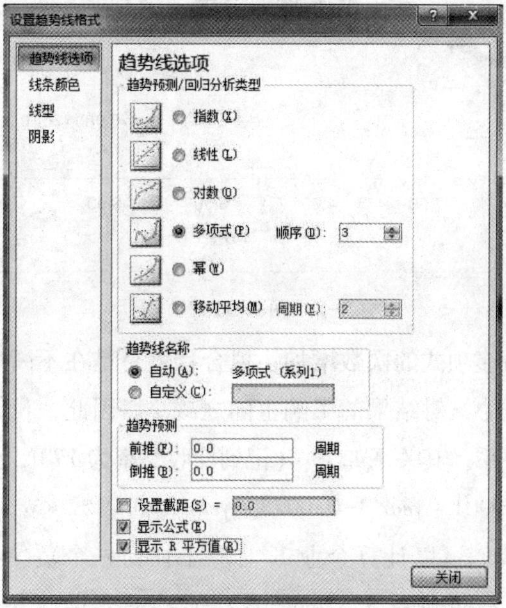

图 9-17

点击“确定”后，得到如下结果。从图 9-18 中可以看出，当选择三次多项式时，到期年限对到期收益率的拟合精度为 84.7%。

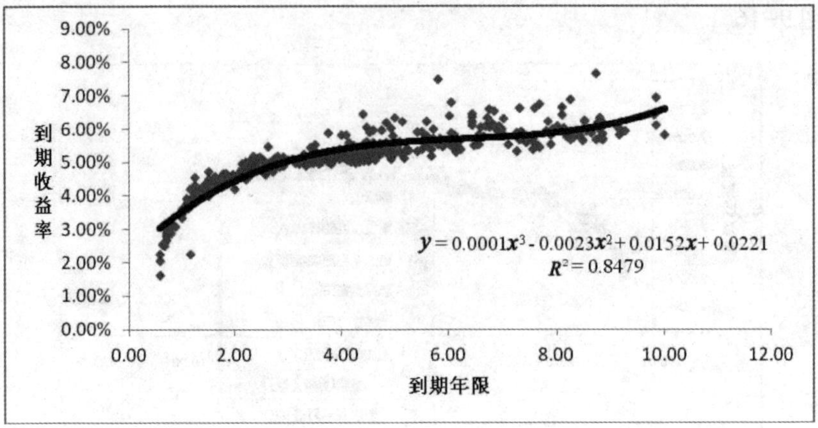

图 9-18

图 9-19 为二次多项式拟合结果。

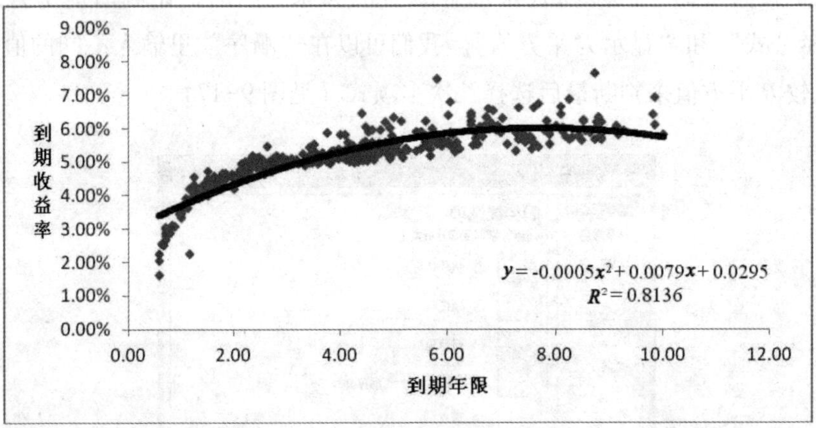

图 9-19

可以发现随着多项式的次数增加，拟合程度总是在不断增加的，但高阶项前的系数也越来越小，对结果的影响也随之减小。因此，我们最后选择用三次多项式来描述该关系。其关系如下：（记到期收益率为 *YTM*，到期年限为 *year*）

$$YTM = 0.0001 * year\hat{}3 - 0.0023 * year\hat{}2 + 0.0152 * year + 0.0221$$

根据上式，我们可以计算企业 K 对应于任何一个负债年限的债券成本。比如它想发行一只期限为 5 年的债券，债券的到期收益率为 5.31%（见图 9-20）。

	A	B	C	D	E
1	债券信用等级调整的收益率				
2	YTM=0.0001*year^3-0.0023*year^2+0.0152*year+0.0221				
3					
4	债券期限，year	5			
5	到期收益率，YTM	5.31%	<-- =0.0001*B4^3-0.0023*B4^2+0.0152*B4+0.0221		

图 9-20

9.3.3 加权平均资本成本

在计算出权益成本和负债成本之后，我们可以计算企业的加权平均资本成本，这要求先得知权益和负债的市场价值。计算示例如图 9-21 所示：

	A	B	C	D	E	F
1	加权平均资本WACC					
2						
3	权益成本，r_E	15%				
4	负债成本，r_D	7%				
5						
6	权益市场价值，E	120				
7	负债市场价值，D	300				
8	税率，T_C	35%				
9						
10	**WACC**	**8.84%**	<-- =B3*B6/(B6+B7)+B4*B7/(+B7)*(1-B8)			

图 9-21

9.4 小结

本实验介绍了权益成本、负债成本和加权平均资本成本如何计算。其中用于估算权益成本的方法包括戈登股利模型、对所有权益现金流账户的调整戈登模型、两阶段股利增长模型和 CAPM 模型，用于估算负债成本的方法包括平均负债成本法和债券信用等级调整的收益率法。

习题

1. 企业 A 的股价为 50 元，公司刚支付了每股 3 元的股利，股利按每年 5%的比率增长，请计算公司的权益成本。

2. 已知公司 B 刚支付了每股 5 元的股利，股利增长率为 15%每年，已知权益成本为 25%，请问公司 B 当前的股价为多少？

3. 下面为公司 C 的股利和股票价格数据（见表 9-1），请计算该公司的权益成本。

表 9-1

时间	股票价格	股利
1986		0.40
1987		0.50
1988		0.50
1989		0.60
1990		0.60
1991		0.30
1992		0.30
1993		0.33
1994		0.45
1995		1.00
1996	35.00	1.40

4. 公司 E 的当前股价为 65 元，目前每年支付的股利为 3 元每股，在过去的 5 年，股利以 23%增长。股东预测，该企业的股利在未来五年仍保持此增速，但之后增速将降至 5%。请计算该公司的权益成本。

参考书目

[1]Simon Benninga. 财务金融建模——用 Excel 工具(第五版)[M]. 邵建利,等,译. 上海:格致出版社,2015.

[2]Stephen A. Ross, Randolph W. Westerfield, Jeffrey F. Jaffe. 公司理财[M]. 吴民农,沈艺峰,王志强,等,译. 北京:机械工业出版社,2009.

[3]Zvi Bodie, Alex Kane, Alan J. Marcus. 投资学(第九版)[M]. 汪昌云,张永冀,等,译.北京:机械工业出版社,2012.

实验十

在险价值

10.1 实验目的

理解在险价值的基本概念和计算方法，熟悉在险价值计算的参数法。

10.2 理论要点

在险价值（value at risk，VaR）是一个统计概念，用于度量一定概率下发生极端负收益所造成的损失。Jorin（1996）将其定义为：在正常的市场条件和给定的置信度内，某种金融资产或资产组合在未来一段时间内的最坏预期损失值，可将其表示为：

$$P(\Delta P > VaR) = 1 - \alpha \text{ 或 } P(\Delta P < VaR) = \alpha$$

其中，P 表示概率，ΔP 表示资产或组合在持有期 Δt 内的损失，VaR 为给定置信水平 $1-\alpha$ 下的在险价值。

如果在险价值的评估期为 1 天，并给定 α 为 5%，测算出 VaR 后，意味着我们有 95%的把握未来一天的最大损失金额不会超额 VaR 。评估期间的长短与风险值的大小有密切关系，一般来说，评估期越长，在险价值越大。

根据以上公式可知，要估计 VaR ，首要问题就是要找出资产未来收益率的概率分布，统计上可以从两个不同的角度估计在险价值：一是在已知资产收益率分布时，用参数估计方法来确定 VaR ；二是如果未知资产收益率分布，则可利用非参数方法直接引入分位数，利用分位数的值作为 VaR 。

因此，从统计的角度来看，VaR 的度量模型有两大类：参数模型和非参数模型。参数模型一般是假设收益率服从一定的分布，如正态分布或对数正态分布，来估计 VaR ；而非参数模型则不用对收益率的分布作任何假设，它主要通过对历史数据进行分析、模拟来估计 VaR 的值。

10.2.1 参数模型

JP Morgan 在 1994 年给出的市场风险度量模型 RiskMetrics 中，假设收益率服从正态分布。虽然这与实际情况并不完全吻合，但正态分布的可加性等良好性质仍然使它被广泛应用。

假设收益率 $r_t \sim iidN(\mu, \sigma^2)$，那么在险价值 VaR 可以通过下式计算：

$$VaR = \mu + \sigma\varphi^{-1}(\alpha)$$

其中，α 是左尾概率，也就是发生损失的概率，$\varphi(\alpha)$ 是标准正态分布函数，在给定 μ，σ 的前提下，可以很容易计算出 VaR。

10.2.2 非参数模型

参数模型对收益率分布所作的假定，很难与真实数据完全相符。因此，我们经常使用一种不依赖于收益率分布假定的方法，比如历史模拟法，它假定资产收益的过去变化状况会在未来重现。我们可以利用过去一段时间的收益资料，估算出投资组合变化的统计分布，再根据不同的分位数求得相应的置信度下的在险价值。如果过去的数据不足，我们还可以通过自助抽样法来增加样本量。

10.3 实验过程

现有一只股票，当前价格为 10 元，其收益率服从正态分布，该分布的均值为 20%，标准差为 30%。现要回答以下问题：

（1）股票在年底的价格分布是什么？

（2）年底该股票每股发生 2 元损失的概率有多大？换言之就是，年底股票价格低于 8 元的概率？

（3）在 1%的概率下，年底股票的最大损失为多少？也就是计算 1%显著水平上的在险价值 VaR。

根据以上条件，我们先计算出年底股票价格的分布。步骤如下：

第一，我们已知的是收益率分布的均值和标准差，首先将其调整为价格分布的均值和标准差。其中，价格的均值=当前价格 * （1+收益率均值），价格的标准差=当前价格 * 收益率标准差。结果如图 10-1 所示：

	A	B	C	D	E
1	正态分布假设估计VaR				
2					
3	当前股票价格	10			
4	收益率分布的均值	20%			
5	收益率分布的标准差	30%			
6	价格分布的均值	12	<-- =B3*(1+B4)		
7	价格分布的标准差	3	<-- =B3*B5		

图 10-1

第二，估计出未来每一个价格水平的概率分布。使用的函数为 Normdist，其语法为“Normdist（x，mean，standard_dev，cumulative）”，其中，mean 为正态分布的均值，standard_dev 为正态分布的标准差，x 为需要计算分布的数值，cumulative 是一个逻辑值，如果输入 false，则函数返回 x 的概率，如果输入 true，函数会返回累计分布。结果如图 10-2 所示：

	A	B	C	D	E
14	股票价格	概率密度			
15	0	0.00%	<-- =NORMDIST(A16,$B$6,$B$7,FALSE)		
16	1	0.02%	<-- =NORMDIST(A17,$B$6,$B$7,FALSE)		
17	2	0.05%	<-- =NORMDIST(A18,$B$6,$B$7,FALSE)		
18	3	0.15%	<-- =NORMDIST(A19,$B$6,$B$7,FALSE)		
19	4	0.38%	<-- =NORMDIST(A20,$B$6,$B$7,FALSE)		
20	5	0.87%			
21	6	1.80%			
22	7	3.32%			
23	8	5.47%			
24	9	8.07%			
25	10	10.65%			
26	11	12.58%			
27	12	13.30%			
28	13	12.58%			
29	14	10.65%			
30	15	8.07%			
31	16	5.47%			
32	17	3.32%			
33	18	1.80%			
34	19	0.87%			
35	20	0.38%			
36	21	0.15%			
37	22	0.05%			
38	23	0.02%			
39	24	0.00%			

图 10-2

可以看出，对于本例来说，均值和标准差始终引用的是 B6 和 B7 中的值，为绝对引用，而 x 一直在变化。

第三，用散点图或折线图画出价格分布的图形，如图 10-3 所示：

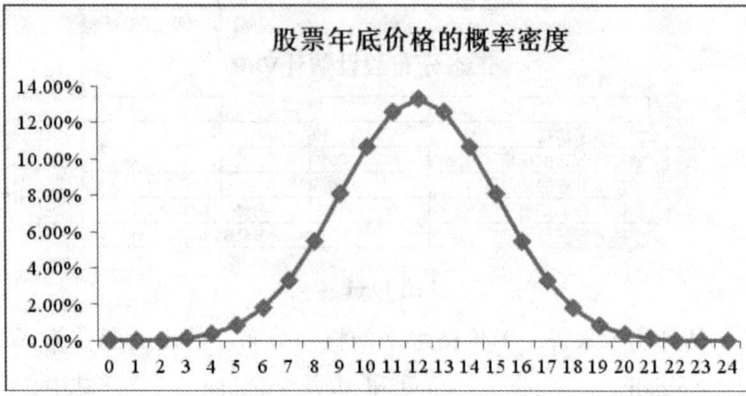

图 10-3

要回答问题（2），也就是年底股票价格低于 8 的概率，我们同样用 Normdist 函数，但与计算价格分布时不同，Normdist 函数的最后一个参数为 “true”，而不是 “false”。代表此处求的是累计概率密度，如 P(股票价格 ≤ 8)，而计算分布时求的是概率密度，如 P(股票价格 = 8)。结果如图 10-4 所示：（年底股票价格小于等于 8 元的概率为 9.12%）

	A	B	C	D	E
1	**正态分布假设估计VaR**				
2					
3	当前股票价格	10			
4	收益率分布的均值	20%			
5	收益率分布的标准差	30%			
6	价格分布的均值	12	<-- =B3*(1+B4)		
7	价格分布的标准差	3	<-- =B3*B5		
8					
9	最低价格	8			
10	**股票年底价格低于最低价格的概率**	9.12%	<-- =NORMDIST(B9,B6,B7,TRUE)		

图 10-4

要回答问题（3），即 1%概率的年底股价最大损失。我们有两种方法，一是利用单变量求解，令 B10 = 1%，来反解 B9。结果如图 10-5 所示：（最低价格为 5.057 元，即年底股票价格低于 5.057 元的概率为 1%）

	A	B	C	D	E
1	**正态分布假设估计VaR**				
2					
3	当前股票价格	10			
4	收益率分布的均值	20%			
5	收益率分布的标准差	30%			
6	价格分布的均值	12	<-- =B3*(1+B4)		
7	价格分布的标准差	3	<-- =B3*B5		
8					
9	最低价格	5.057			
10	**股票年底价格低于最低价格的概率**	1%	<-- =NORMDIST(B9,B6,B7,TRUE)		

图 10-5

但是“单变量求解”得出的结果并不100%准确，因为它是一个搜索优化的过程，迭代到一定程度时就停止了，所以并不会完全找到概率正好等于1%时对应的最低价格。比如，在本例中，程序迭代至概率为1.0321%时就停止搜索了。

除了该方法外，我们还可以使用函数Norminv来准确求解。该函数的语法是“Norminv（probability，mean，standard_dev）”，其中probability为给定的概率，比如本例中为1%，mean为分布的均值，standard_dev为分布的标准差。示例如图10-6所示：

	A	B	C	D	E
1	**正态分布假设估计VaR**				
2					
3	当前股票价格	10			
4	收益率分布的均值	20%			
5	收益率分布的标准差	30%			
6	价格分布的均值	12	<-- =B3*(1+B4)		
7	价格分布的标准差	3	<-- =B3*B5		
8					
9	最低价格	5.021	<-- =NORMINV(B10,B6,B7)		
10	**股票年底价格低于最低价格的概率**	1%			

图 10-6

从图10-7可以看出，圆点为1%分位点，即它之下的概率密度的面积为1%。也就是在1%的概率下，股票价格最低为5.021，此时发生的损失为10-5.021=4.979。

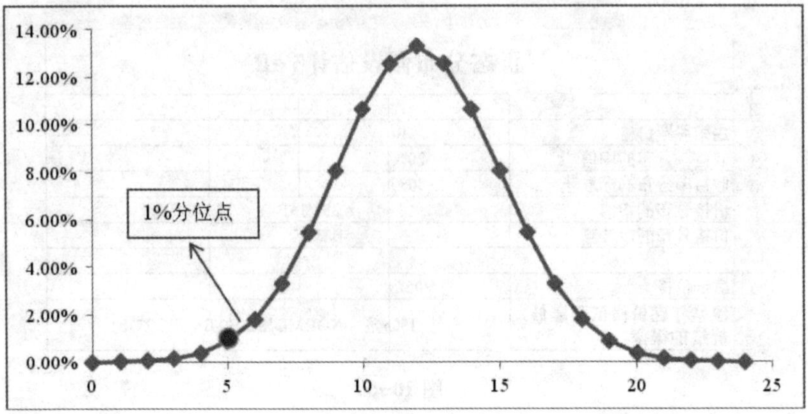

图 10-7

10.4 小结

本实验主要介绍了在险价值的计算方法，特别是基于收益率为正态分布的参数计算方法。

习题

1. 基于实验中的数据，计算当概率为5%时的在险价值为多少?

2. 基于实验中的数据，计算当最大损失为5元时的概率为多少?

参考书目

[1]Simon Benninga. 财务金融建模——用 Excel 工具(第五版)[M]. 邵建利,等,译. 上海:格致出版社,2015.

[2]Zvi Bodie, Alex Kane, Alan J. Marcus. 投资学(第九版)[M]. 汪昌云,张永冀,等,译.北京:机械工业出版社,2012.

实验十一

债券久期与免疫策略

11.1 实验目的

掌握债券久期的计算公式及特性，并学会利用久期来构建免疫组合。

11.2 理论要点

11.2.1 债券久期

债券是借款者承担某一确定金额债务的凭证，为了使用该笔金额的款项，借款者必需同意在标明的日期支付固定的利息和本金。一只债券通常包含了如下的基本要素：面值（face value）、票面利率（coupon rate，又称息票率）、还本期限（maturity），以及利息支付方式。

考虑一只债券具有以下特征：票面价值为 F，票面利率为 r，利息支付以 1 年为单位，假设利率期限结构是扁平的，每期的贴现利率都为 i，债券的有效期限为 N，那么，债券价值 P 的基本估算模型为：

$$P = \frac{Fr}{(1+i)^1} + \frac{Fr}{(1+i)^2} + \frac{Fr}{(1+i)^3} + \cdots + \frac{Fr}{(1+i)^N} + \frac{F}{(1+i)^N}$$

$$= \sum_{t=1}^{N} \frac{Fr}{(1+i)^t} + \frac{F}{(1+i)^N}$$

久期（duration）或持续期，是以未来收益的现值为权数计算的到期时间，主要用于衡量债券价值对利率变化的敏感性。债券久期越大，利率变化对该债券价值的影响也越大，即利率风险就越大。在降息时，久期大的债券价值上升幅度较大；在升息时，久期大的债券价值下跌的幅度也较大。

Macauley 久期，又称马考勒久期，其定义如下：

$$D = \frac{1}{P}\sum_{t=1}^{N}\left[\frac{CF_t}{(1+i)^t} \times t\right]$$

CF_t 为 t 期的现金流，$N-1$ 期之前为利息 Fr，第 N 期为利息加上面值为 $Fr + F$。

债券久期具有以下特征：

第一，零息债券的久期或一次还本付息债券的久期与债券期限相同。由于零息债券只在到期日支付一次现金流量，所以到期日的权数等于1。

第二，有息债券的久期小于债券期限。

第三，息票率与久期呈现负相关关系。息票率高的债券久期比较短，因为更多的现金流以利息形式提前支付。

第四，到期期限与债券久期正相关，但是随着到期期限的延长，久期以递减速度增长，所以到期期限较长的债券的久期通常较长。这种关系并不直接，因为随着到期期限的延长，本金现值将下降。

第五，在其他条件相同情况下，到期收益率与久期呈负相关。

第六，债券组合的久期。由于久期具有可加性，所以这种技术可以扩张到利率变动对整个公司价值的影响分析。资产组合的久期就是组合中各资产久期的加权平均数。其计算公式为：

$$D_{portfolio} = \frac{D_i V_i + D_{i+1} V_{i+1} + \cdots + D_n V_n}{V_i + V_{i+1} + \cdots + V_n}$$

式中，D_i，D_{i+1}，…，D_n 是各种资产的久期，V_i，V_{i+1}，…，V_n 是每种资产的价值。

久期作为债券价格对折现率的弹性，可被用于度量债券价格的波动性。其原因如下：

$$P = \sum_{t=1}^{N} \frac{CF_t}{(1+i)^t}$$

$$\frac{\mathrm{d}P}{\mathrm{d}i} = \sum_{t=1}^{N} \left[\frac{CF_t}{(1+i)^{t+1}} \times (-t) \right]$$

$$= - \frac{\sum_{t=1}^{N} \frac{CF_t}{(1+i)^t} \times t}{P} \frac{P}{(1+i)}$$

$$= - \frac{DP}{(1+i)}$$

因此，久期可被视为债券价格的折现因子弹性，“折现因子”是 $1+i$。

$$\frac{\mathrm{d}P/P}{\mathrm{d}i/(1+i)}=-D$$

同时，我们也可以利用久期测量债券的价格波动性：

$$\frac{\mathrm{d}P}{P}=-\frac{D}{(1+i)}\mathrm{d}i$$

我们将 $\frac{D}{(1+i)}$ 定义为修正久期 D^*，因此有：

$$\frac{\mathrm{d}P}{\mathrm{d}i}=-\frac{DP}{(1+i)}=-D^*\cdot P$$

11.2.2　免疫策略

一个债券组合的未来价值依赖于未来的利率变化。如果不管利率如何变化，债券组合在未来特定日期具有相同的偿付，我们称该债券组合被免疫了。免疫策略与久期紧密相关。

现考虑一个企业有一项已知的未来债务 Q，其现值为：

$$V_0=\frac{Q}{(1+r)^N}$$

其中，r 为适当的贴现率。

假设这家公司对这项未来的债务通过持有一个债券来套期保值，也就是说，这家企业现持有一个债券，该债券的价值为 V_B 与未来债务的现值 V_0 相等。如果该债券的现金流序列为 C_1，C_2，…，C_M，那么该债券的现值为：

$$V_B=\sum_{t=1}^{M}\frac{C_t}{(1+r)^t}$$

现在假设基本利率由 r 变化至 $r+\Delta r$，我们对债务的价值进行一阶泰勒展开，可得下式：

$$V_0+\Delta V_0\approx V_0+\frac{\mathrm{d}V_0}{\mathrm{d}r}\Delta r=V_0+\Delta r\frac{Q(-N)}{(1+r)^{N+1}}$$

而债券的价值变化为：

$$V_B+\Delta V_B\approx V_B+\frac{\mathrm{d}V_B}{\mathrm{d}r}\Delta r=V_B+\Delta r\sum_{t=1}^{M}\frac{C_t(-t)}{(1+r)^{t+1}}$$

如果让两式相等的话，那么 r 的变化不会影响两个资产所组成的组合价值，仍然有：

$$V_0 + \Delta r \frac{Q(-N)}{(1+r)^{N+1}} = V_B + \Delta r \sum_{t=1}^{M} \frac{C_t(-t)}{(1+r)^{t+1}}$$

由于 V_B 与 V_0 相等，有：

$$\frac{Q(-N)}{(1+r)^{N+1}} = \sum_{t=1}^{M} \frac{C_t(-t)}{(1+r)^{t+1}}$$

将其简化得到：

$$N = \frac{1}{V_B} \sum_{t=1}^{M} \frac{C_t t}{(1+r)^t} = D$$

假设利率期限结构总是扁平的（即未来现金流发生时的贴现率总是相同的），或者期限结构上下平行移动，那么无论贴现率 r 怎么变化，资产的市场价值等于未来债务市场价值的充要条件都是资产的期限与债务的久期相等。当我们持有针对债务的这种类型的资产时，就说债务被免疫了。

11.3 实验过程

11.3.1 债券久期

现有一只债券，发行时间是 2013－1－1，面值为 1000 元，票面利率为 7%，折现率也为 7%，到期时间为 10 年，付息频率为 1 年 1 次。当前时间为 2014－1－1，该债券被再次交易，问此时债券的久期为多少？

计算方法有两种，一是利用函数 DURATION，二是利用久期的公式来计算：

$$D = \frac{1}{P} \sum_{t=1}^{N} \left[\frac{CF_t}{(1+i)^t} \times t \right]$$

但两种方法都需要先计算出 2014－1－1 时的债券价格。结果如图 11-1 所示：

	A	B	C	D
1	债券久期			
2	债券A			
3	发行时间	2013/1/1		
4	面值	1000		
5	票面利率	7%		
6	折现率	7%		
7	到期时间	2023/1/1		
8	结算时间	2014/1/1		
9	付息频率	1		
10				
11	年	现金流CFt		
12	1	70		
13	2	70		
14	3	70		
15	4	70		
16	5	70		
17	6	70		
18	7	70		
19	8	70		
20	9	1070		
21				
22				
23	债券价格	1000	<-- =NPV(B6,B12:B20)	

图 11-1

我们首先列示出债券 A 的相关因素，如发行时间、到期时间、面值、票面利率、折现率、付息频率等，结算时间即交易时间。要计算 2014－1－1 时债券的价格，我们需先列出债券 A 的所有未来现金流。因为债券发行于 2013－1－1，期限 10 年，因此，在 2014－1－1 时，债券离到期时间还有 9 年，总计有 9 期现金流。前 8 期的现金流都为利息支付，等于面值 * 票面利率，每年支付 70 元，第 9 年除了支付 70 的利息之外，还需支付 1000 的面值。在列出所有现金流后，我们使用 NPV 函数计算出债券 A 的价格为 1000。可以发现，债券 A 为平价发行，这从其票面利率与折现率相等也可以推断出。

我们可以使用两种方法来计算久期。首先我们基于未来现金流 CF_t 运用久期公式来计算，首先计算出每一期的 $\frac{CF_t}{(1+i)^t}$，然后对将其与对应的 t 相乘，最后将所有的 $\frac{CF_t}{(1+i)^t}\times t$ 求和，求和结果放在单元格 D21 中。然后用所求之和除以债券价格，即得债券久期。结果在单元格 B25 中（见图 11-2）：

	A	B	C	D	E
1	**债券久期**				
2	**债券A**				
3	发行时间	2013/1/1			
4	面值	1000			
5	票面利率	7%			
6	折现率	7%			
7	到期时间	2023/1/1			
8	结算时间	2014/1/1			
9	付息频率	1			
10					
11	年	现金流CFt	$CF_t/(1+i)^t$	$CF_t/(1+i)^{t*}t$	
12	1	70	65.421	65.421	
13	2	70	61.141	122.281	
14	3	70	57.141	171.423	
15	4	70	53.403	213.611	
16	5	70	49.909	249.545	
17	6	70	46.644	279.864	
18	7	70	43.592	305.147	
19	8	70	40.741	325.925	
20	9	1070	582.009	5238.082	
21			**求和**	**6971.299**	<-- =SUM(D12:D20)
22					
23	**债券价格**	**1000**	<-- =NPV(B6,B12:B20)		
24					
25	**债券久期**	**6.9713**	<-- =D21/B23		
26		**6.9713**	<-- =DURATION(B8,B7,B5,B6,B9,1)		

图 11-2

其次我们使用函数 DURATION 来计算久期，其语法为“DURATION（Settlement，Maturity，Coupon，Yld，Frequency，Basis）”，其中，Settlement 为证券的结算日，即在发行日之后，证券卖给购买者的日期；Maturity 为到期日，即证券有效期截止时的日期；Coupon 为证券的年票面利率；Yld 为证券的年到期收益率，也是折现率；Frequency 为年付息次数，如果按年支付，frequency=1；按半年期支付，frequency=2；按季支付，frequency=4；Basis 为日计数基准类型，有以下五种选择（见表 11-1）：

表 11-1

类型	计数
0 或省略	US（NASD）30/360
1	实际天数/实际天数
2	实际天数/360
3	实际天数/365
4	欧洲 30/360

使用 DURATION 计算出的久期放在单元格 B26 中。

11.3.2　久期作为价格弹性

继续上例，现已知债券的折现率从 7%降至 6%，请计算债券的价格由 1000 变化值为多少？我们使用了两种方法，方法一是使用模拟运算表准确计算出债券价格变化。模拟运算表的表头在单元格 C30 中，从结果可知，对应于 6%的折现率，债券价格为 1068 元。此时，价格变化为 68.02 元，从单元格 B32 中可知。

除此之外，我们也可以利用久期来近似计算价格变化。计算公式如下：

$$dP = -\frac{DP}{(1+i)}di$$

在本例中，利率变化 di 为 6%-7%=-1%（计算结果如图 11-3）。可以从中发现，利用久期计算出来的价格变化为 65.15，与精确变化 68.02 接近，但是仍有偏差。原因如下：仅用久期来描述债券价格对折现率的弹性，暗含了一个假设，即债券价格变化与折现率变化之间呈线性关系。但是这个假设并不合理，实质上二者的关系更为复杂。所以很多时候我们会用久期和凸度来共同描述债券价格变化与折现率变化之间的关系。

	A	B	C	D
1	**久期作为价格弹性**			
2	**债券A**			
3	发行时间	2013/1/1		
4	面值	1000		
5	票面利率	7%		
6	折现率	7%		
7	到期时间	2023/1/1		
8	结算时间	2014/1/1		
9	付息频率	1		
22				
23	债券价格	1000		
25	债券久期	6.9713		
26				
27	**新的折现率**	**6%**		
28	**新的价格**	**1068**		
29		数据表		
30			1000	<-- =B23
31		6%	1068	<-- {=TABLE(,B6)}
32	**价格变化**	**68.02**	<-- =B28-B23	
33				
34	**用久期近似的价格变化**	**65.15**	<-- =-B25*B23/(1+B6)*(B27-B6)	

图 11-3

11.3.3 久期特性

（1）零息债券的久期或一次还本付息债券的久期与债券期限相同（见图 11-4）。

	A	B	C	D
1	零息债券久期等于到期期限			
2	债券A			
3	发行时间	2013/1/1		
4	面值	1000		
5	票面利率	0%		
6	折现率	7%		
7	到期时间	2023/1/1		
8	结算时间	2014/1/1		
9	债券期限	9	<-- =(B7-B8)/365	
10	付息频率	1		
11				
12	债券久期	9	<-- =DURATION(B8,B7,B5,B6,B10,1)	

图 11-4

（2）息票率与久期呈现负相关关系（见图 11-5）。

	A	B	C	D	E	F
1	债券久期与票面利率负相关					
2	债券A					
3	发行时间	2013-1-1				
4	面值	1000				
5	票面利率	0%				
6	折现率	7%				
7	到期时间	2023-1-1				
8	结算时间	2014-1-1				
9	债券期限	9	<-- =(B7-B8)/365			
10	付息频率	1				
11						
12	债券久期	9	<-- =DURATION(B8,B7,B5,B6,B10,1)			
13						
14	数据表：票面利率对债券久期的影响					
15						
16	票面利率	债券久期				
17		9				
18	0%	9				
19	1%	8.52418				
20	2%	8.14032				
21	3%	7.82411				
22	4%	7.55911				
23	5%	7.33382				
24	6%	7.13992				
25	7%	6.97130				
26	8%	6.82330				
27	9%	6.69237				
28	10%	6.57570				
29	11%	6.47110				
30	12%	6.37677				

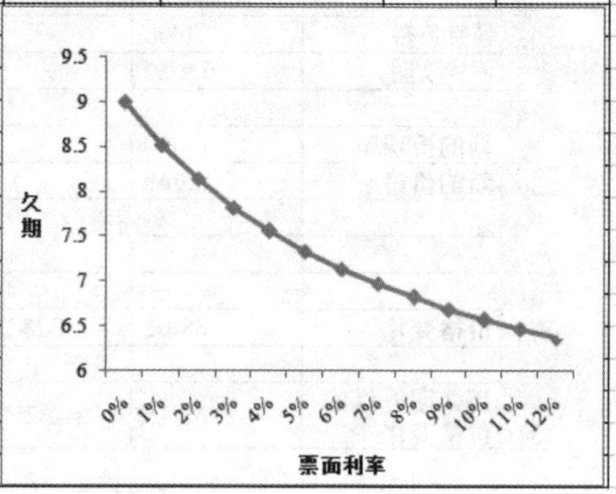

图 11-5

（3）到期期限与债券久期正相关，但是随着到期期限的延长，久期以递减速度增长，所以长期债券的久期通常较长。以上结论可以从图 11-6 看出：

	A	B	C	D	E	F
1	债券久期与到期时间正相关					
2	**债券A**					
3	发行时间	2013/1/1				
4	面值	1000				
5	票面利率	8%				
6	折现率	7%				
7	到期时间	2023/1/1				
8	结算时间	2014/1/1				
9	债券期限	**9**	<-- =(B7-B8)/365			
10	付息频率	1				
11						
12	**债券久期**	**6.823**	<-- =DURATION(B8,B7,B5,B6,B10,1)			
13						
14	**数据表：到期时间对债券久期的影响**					
15						
16	**到期时间**	**债券久期**				
17		7				
18	2015/1/1	1				
19	2017/1/1	2.78620				
20	2019/1/1	4.32725				
21	2021/1/1	5.66242				
22	2023/1/1	6.82330				
23	2025/1/1	7.83566				
24	2027/1/1	8.72072				
25	2029/1/1	9.49611				
26	2031/1/1	10.17664				
27	2032/1/1	10.48531				
28	2033/1/1	10.77479				
29	2035/1/1	11.30122				
30	2037/1/1	11.76499				

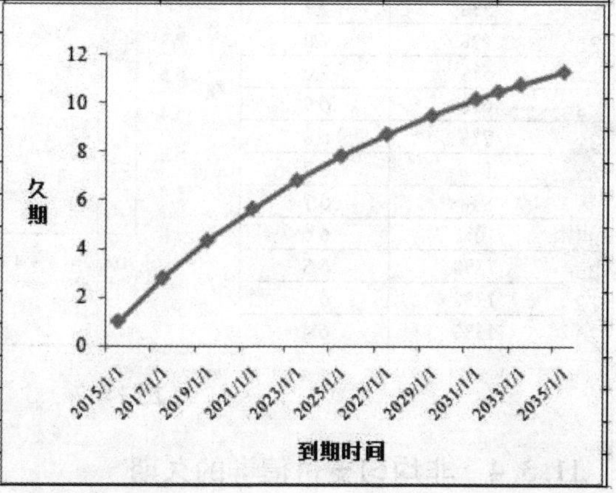

图 11-6

（4）在其他条件相同情况下，到期收益率与久期呈负相关（见图 11-7）。

	A	B	C
1	**债券久期与到期收益率负相关**		
2	**债券A**		
3	发行时间	2013/1/1	
4	面值	1000	
5	票面利率	**8%**	
6	折现率	7%	
7	到期时间	2023/1/1	
8	结算时间	2014/1/1	
9	债券期限	**9**	<-- =(B7-B8)/365
10	付息频率	1	
11			
12	**债券久期**	**6.823**	<-- =DURATION(B8,B7,B5,B6,B10,1)
13			
14	**数据表：折现率对债券久期的影响**		
15			
16	**折现率**	**债券久期**	
17		7	
18	1%	7.3	
19	2%	7.2	
20	3%	7.1	
21	4%	7.0	
22	5%	7.0	
23	6%	6.9	
24	7%	6.8	
25	8%	6.7	
26	9%	6.7	
27	10%	6.6	
28	11%	6.5	
29	12%	6.4	
30	13%	6.4	

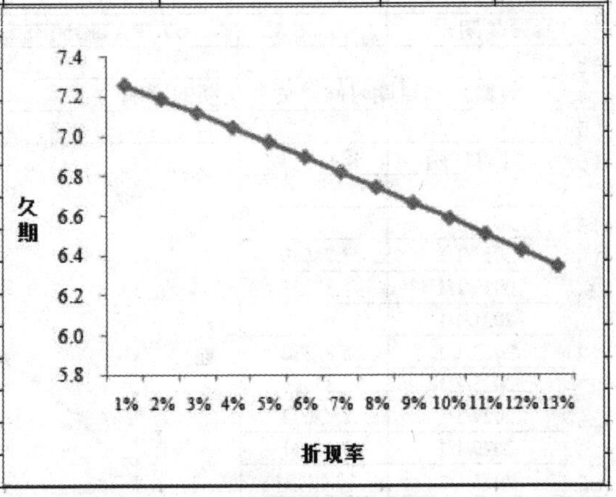

图 11-7

11.3.4 非均匀支付债券的久期

上述对久期的计算公式以及实验都是假设债券利息是等间隔均匀支付的。继续考虑债券 A，我们之前假设其发行时间为 2013 - 1 - 1，到期时间是 2023 - 1 - 1，交易时间为 2014 - 1 - 1，利息为一年支付一次，交易时间至到期时间正好 9 年。但如果该债券是在 2014 - 5 - 1 日交易的，那么结算日至到期日就不再是 9 年，离下一次利息支付时间也不再是一年，而是 0. 67 个月（计算方法为：（到期时间-交易时间）/365）。此时，Excel 中无函数可以直接计算久期，需要我们利用公式来计算。

同样的，先计算债券在 2014 - 5 - 1 日的价格，我们仍使用 NPV（折现率，所有现金流），先将所有现金流折现至 2014 - 1 - 1 日，然后再算该现值在 2014－5－1 日的价值。这需要在 NPV 价值上乘以（1+折现率）^（1-0.67），其中（1-0.67）是 2014－1－1 至 2014－5－1 的年限。然后根据公式计算出久期如图 11-8 所示：

	A	B	C	D
1	**非均匀支付债券的久期**			
2	**债券A**			
3	发行时间	2013-1-1		
4	面值	1000		
5	票面利率	7%		
6	折现率	7%		
7	到期时间	2023-1-1		
8	结算时间	2014-5-1		
9	付息频率	1		
10	下一次付息时间	2015-1-1		
11	**下一次付息时间（年）**	**0.67**	<-- =(B10-B8)/365	
12				
13	年	现金流CFt	$CF_t/(1+i)^t$	$CF_t/(1+i)^{t}*t$
14	0.7	70	66.892	44.900
15	1.7	70	62.516	104.479
16	2.7	70	58.426	156.070
17	3.7	70	54.604	200.463
18	4.7	70	51.032	238.381
19	5.7	70	47.693	270.479
20	6.7	70	44.573	297.357
21	7.7	70	41.657	319.561
22	8.7	1070	595.100	5160.254
23			**求和**	**6791.943**
24				
25	**债券价格**	**1022.49**	<-- =NPV(B6,B14:B22)*(1+B6)^(1-B11)	
26				
27	**债券久期**	**6.64**	<-- =D23/B25	

图 11-8

11.3.5　免疫策略

现在企业 A 有一笔现值为 1000 元、期限为 10 年的债务，假如企业想让这笔债务免疫。当前市场利率为 6%，那么该笔债务在到期时的终值为 1000 *（1+6%）^10＝1790.85 元。

企业希望通过购买 1000 元的债券或债券组合来免疫。现在有三只债券：

（1）债券 1：还有 10 年到期，票面利率为 6.7%，面值为 1000 元；

（2）债券 2：还有 15 年到期，票面利率为 6.98%，面值为 1000 元；

（3）债券 3：还有 30 年到期，票面利率为 5.9%，面值为 1000 元。

我们先计算出三只债券的久期，因为使用 duration 函数需要使用结算日和到期日，上述条件中没有列出具体日期，因此，我们假设三只债券的结算日都为 2014 - 1 - 1，用函数 date 来产生日期，其语法为“date（年，月，日）”，比如“date（2014，1，1）”产生的就是 2014 - 1 - 1。那么债券 A 的到期日就是 2024 - 1 - 1，债券 B 为 2029-1-1，债券 C 为 2044-1-1。计算出三只债券的久期分别为 7.7，10 和 14.6。

根据前文所述的构造免疫组合的策略：债券的久期应等于被免疫债务的期限。企业需要对一个期限为 10 年的债券进行免疫，因此应该选择债券 B 来作为债务的免疫组合（见图 11-9）。

	A	B	C	D	E	F
1	三只债券的久期					
2	折现率	6%				
3	面值	1000				
4		A	B	C		
5	期限	10	15	30		
6	票面利率	6.70%	6.988%	5.90%		
7						
8	**债券的久期**	**7.7**	**10.0**	**14.6**		
9		<-- =DURATION(DATE(2014,1,1),DATE(2024,1,1),B6,$B$2,1,1)				

图 11-9

为了证明这一点，我们可以验证在利率变化的前提下，债券 A 和 C 都不能很好地对债务免疫。

第一步，我们计算出三种债券的价格，确定如要购买现值为 1000 的债券，每种债券应该买多少只。

	A	B	C	D
1	三只债券的价格			
2	折现率	6%		
3	面值	1000		
4		A	B	C
5	期限	10	15	30
6	票面利率	6.70%	6.988%	5.90%
7			<-- =PV($B$2,B5,-$B$3*B6,-$B$3)	
8	**债券价格**	1051.52	1095.96	986.24
9	**现值为1000的债券只数**	0.951	0.912	1.014

图 11-10

如图 11-10 的结果所示，我们使用了 PV 函数来计算三只债券的价格，分别为 1051.52、1095.96 和 986.24。如果要购买现值为 1000 的债券，那么债券 A、B、C 分别购买 0.951、0.912 和 1.014 只。

第二步，我们再计算三只债券在 10 年后的价值，该价值包含两部分，一部分是 10 年内所发放的利息的终值，另一部分是 10 年后未发放的利息和面值在 10 年时的现值，也就是在当时将债券卖出的价格（见图 11-11）。

	A	B	C	D
1	三只债券在10年时的价值			
2	折现率	6%		
3	面值	1000		
4		A	B	C
5	期限	10	15	30
6	票面利率	6.70%	6.988%	5.90%
10				
12	市价为1000的债券只数	0.951	0.912	1.014
13				
14			<-- =FV(B2,10,-B3*C6)+PV(B2,C5-10,-B3*C6,-B3)	
15	10年后的价值	1883.11	1962.69	1766.20
16	乘以债券只数	1790.85	1790.85	1790.85
17			<-- =B15*B12	

图 11-11

从结果中可以发现，当折现率仍为 6%时，三只债券在 10 年后的价值都为 1790.85，刚好等于债务在 10 年后的价值。但是如果折现率发生变化呢?

	A	B	C	D
1	三只债券在10年时的价值			
2	折现率	7%		
3	面值	1000		
4		A	B	C
5	期限	10	15	30
6	票面利率	6.70%	6.988%	5.90%
10				
12	市价为1000的债券只数	0.951	0.912	1.014
13				
14			<-- =FV(B2,10,-B3*C6)+PV(B2,C5-10,-B3*C6,-B3)	
15	10年后的价值	1925.70	1965.00	1698.64
16	乘以债券只数	1831.35	1792.95	1722.34
17			<-- =B15*B12	

图 11-12

如图 11-12 所示，当折现率变化至 7%时，债券 A 在期末的价值为 1831.35，大大超过了债务的偿付，而债券 C 的期末价值为 1722.34，低于债务的偿付额度。而债券 B 的价值却变化较小。基本刚好保证了价值为 1790.85

元的债务偿付。

图 11-13 展示了三个债券的免疫特征，可以看出随着折现率的变化，债券 B 在 10 年后的价值变化最小，与债务的价值最接近。

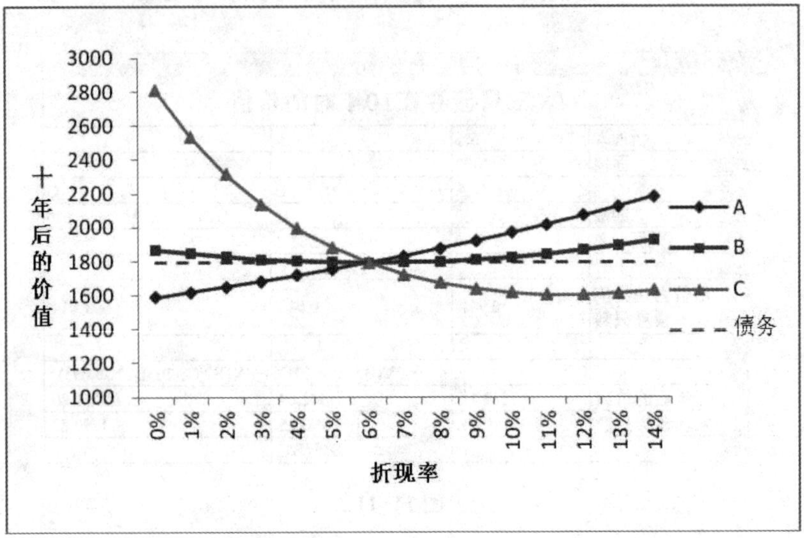

图 11-13

11.4 小结

本实验介绍了债券久期的计算公式，在 Excel 中可使用公式和 duration 函数两种方法来计算久期。同时，本实验还展示了对于非均匀支付的债券如何计算久期。以及应该如何利用债券的久期来对债务进行免疫。

习题

1. 在表 11-2 中，计算该债券的久期，并建立模拟运算表，研究票面利率、到期日、到期收益率对久期的影响。

表 11-2

变量	取值
当前日期	2007/5/21
到期年限（年）	21
到期收益率	15%
票面利率	4%
票面面值	1000

2. 在 11.3.4 节的例子中，通过债券 A 和 B 的组合以及 A 和 C 的组合，使得组合的久期为 8，请计算组合的权重。

参考书目

[1]Simon Benninga. 财务金融建模——用 Excel 工具(第五版)[M]. 邵建利,等,译. 上海:格致出版社,2015.

[2]Zvi Bodie, Alex Kane, Alan J. Marcus. 投资学(第九版)[M]. 汪昌云,张永冀,等,译.北京:机械工业出版社,2012.